JN255894

吉田眞理

[監修]

保育する力

学校法人三幸学園 こども未来会議［編］

ミネルヴァ書房

刊行にあたって

　こども未来会議は、三幸学園の保育施設（ぽけっとランド・キッズ大陸）の保育の質向上にむけて設立した研究会です。この研究会メンバーは、三幸学園保育施設の全園長（35 名：平成 29 年 4 月現在）と小田原短期大学の乳幼児研究所に所属する研究者（教員）、三幸学園チャイルドケア支援グループ職員です。2016 年度から今日まで、毎月（各月 1 回 4 時間）のこども未来会議を通じて現場の保育者と運営支援者、教員が事例を研究したり、保育現場に役立つ理論や実践方法を学び合ったりと切磋琢磨してきました。ここに、その成果の一端を紹介できることは、代表として喜びに堪えません。本書の内容が、三幸学園のみならずわが国の保育の質向上に資することを期待しています。

学校法人　三幸学園理事長　こども未来会議会長

昼間一彦

　本書は、こども未来会議の研究成果と三幸学園階層別研修（保育）の内容に基礎をおいています。こども未来会議では、現場保育者から紹介された事例やぽけっとランドの調査をもとに保育について検討しました。本書は、それを手がかりに、教員のこれまでの研究成果をベースに組み立てたものです。本書が、子どもの未来にむけて、現場の「保育する力」を高めるために役立つことを願っております。

監修　小田原短期大学　副学長　保育学科長

吉田眞理

　小田原短期大学の乳幼児研究所では、教員がおのおのの専門性を発揮し、現場と協働して実践即研究を行っています。本書では、食物栄養学科・保育学科の教員たちが、専門分野の知見とぽけっとランドの実践とあわせて、現場で役立つ視点や考え方、技法などを記しています。保育者としてより飛躍したいとき、悩んだとき、そういうときこそ基礎・基本に目をむけましょう。本書が保育者としての基軸をつくることのお役に立てたら幸いです。

小田原短期大学　乳幼児研究所　所長

宮川萬寿美

はじめに
本書の有効活用を願って

　本書は、保育の実践現場と教育現場が現代的保育について、ともに学びあい研究する「こども未来会議」から生まれました。こども未来会議は、保育する力を高めるために必要とされる、「総合的保育力」と「個別的保育力」に加えて、園長が集まる研究会として「運営管理」を合わせた内容をグループで研究してきました。したがって、本書の内容も「総合的保育力」、「個別的保育力」、「運営管理」という構成になっています。

　「第1章　総合的保育力」は、保育者の専門性に光をあてています。
　「第1節　協働して保育を編む」では、反省的実践家としての専門性、専門的な観点からのチーム保育の機能、子どもとの関わりの原則を学べるティーチャーズ・トレーニングなど、一般的な保育者の養成課程とは異なる視点から専門職としての保育者の姿について示しています。保育者にとって書くことは専門性を担保することです。「第2節　計画的に保育を営む」では書くことの意味を確認しました。「第3節　職業として保育を紡ぐ」ではリスク管理の視点から、園の危機管理やメンタルヘルス、職場でのコミュニケーションについて扱っています。

　「第2章　個別的保育力」は、6つの視点を定めて保育の具体像に迫りました。
　「第1節　子どもの発達に応じた玩具」には玩具を視点とした保育のあり方が示されています。「第2節　月齢ごとの保育」は、子どもの成長・発達の連続性の視点から目の前の子どもの姿を把握するための内容です。「第3節　季節の行事」「第4節　食育」は、文化の伝達者としての保育者像の視点から、解説をしています。「第5節　個別性への支援」は、子どもの個別性の視点から、

障害に限らず、外国とつながる子どもやLGBTについても理解を
深める内容です。「第6節　保護者への対応」では、保護者との
関係において、現場で頭を悩ませがちな課題についてヒントを提
供しました。

　「第3章　運営管理」は本書の大きな特徴ともなっています。
かつて保育者養成においては、そのキャリアにおいて園長になる
ことは想定されてきませんでした。しかし現在では、ぽけっとラ
ンドのように、保育者として勤務してきた人が園長となることが
珍しくなくなっています。そこで、「第1節　園をマネジメント
する」では、組織マネジメントや法令といった概論から、園長の
役割、園の経営、運営管理、運営の実際などを扱い、園長や主任
になることを視野に入れた内容を用意しました。「第2節　地域
の子育てを支える」は園の社会的責任にフォーカスしています。

　「第4章　現場で役立つ保育力」では、「第1節　チーム保育の
実際」で第1章で扱ったチーム保育の具体例と効果について詳
説しています。「第2節　ティーチャーズ・トレーニングの実際」
では実際の研修の内容を6講座に分けて示してあり、自分で学ぶ
ことができます。最後の「第3節　橋を渡すプログラム」では小
学校に橋を渡すアプローチカリキュラムとその今後の方向性につ
いて示しました。

　本書はどの章から読んでも理解できるような内容になっていま
す。本書に親しまれる皆さまの興味・関心や必要性に応じて学び
始めてください。

吉田眞理

目次

第 1 章

総合的保育力

保育は一人ではできません。保育に携わる専門職の協働で成り立ちます。その際に、協働者と共有すべき実践手法を確認していきましょう。

第1節　協働して保育を編む

（1）実践家としての保育者

保育者には協働すること、振り返ること、成長し続けることが大切なんだね

そのためには、チーム保育やティーチャーズ・トレーニングが役に立つのよ

❶ 保育者の専門性

　保育者は保育することが専門の職業です。保育士の資格は、名称独占ではありますが、業務独占ではありません。つまり、保育することは、誰にでもできるということです。では保育者の専門性はどこで証明されるのでしょうか？　その一つの答えとして、教師、保育者などについては「反省的実践家モデル★1」があります。

　この技術があれば大丈夫というように確認できる専門性ではなかったり、見えるかたちで証明できるわけではなかったりするような専門分野ではこの「反省的実践家モデル」が多く採用されています。

　保育における「反省的実践家モデル」で特徴的だと考えられ、現場に落とし込みやすい3つの点について以下、確認していきましょう。

❷協働するということ

　保育の専門性は一人ではなく、チームで取り組む、つまり協働する場面で発揮されるということです。本書ではこれを「チーム保育」というわかりやすいかたちで後述しています。保育者にとってチーム保育は専門性の最も重要な部分だということがわかります。

★1：『専門家の知恵』（ドナルド・ショーン、佐藤学・秋田喜代美訳、ゆみる出版、2001年）

　どの現場でも、どのような保育形態でも、保育士はチームで保育しているはずです。専門性を発揮するには、無意識に行っているチームでの保育を意識的にチーム保育として行うことが求められます。

　構成された保育内容がある場合や一斉保育のときはチーム保育の役割分担は比較的容易かもしれません。しかし、個別の子どもの自由意思に対応する自由保育のときこそ、チーム保育を意識し、各保育者が自分の役割・機能を意識して、その場を瞬時に分析して互いを補い合いながら保育する必要があります。

❸振り返るということ

　保育の振り返りの重要性を疑う人はいません。保育を振り返るということは、実践した保育を分析するということです。分析とは、ただ考えるのではなく科学的に有効な枠組みを使って考えるのです。

　保育の振り返りの分析の一方法としてチーム保育の枠組みを使うということがあります。各保育者の位置をマッピングして、チーム保育で求められる機能をいかに果たしたか、を協働して分析します。保育者の振り返り自体も協働の作業なのです。保育者集団に不協和音があると、十分な振り返りができず、事故やミスが多くなり、それがまた集団の不協和音となって増幅します。互いに協働し合うためには、お互いに承認した方法で役割・機能を分担し、誰がどう動くといいのかがわかっていることがよいでしょう。そのためにもチーム保育やティーチャーズ・トレーニングの視点が重要になります。

❹成長し続けるために

　保育者の専門性には「成長し続ける」ということがあります。成長し続けるためには、「振り返ること」が必要です。そして「振り返る」ためには「協働すること」が求められます。

　協働の保育（チーム保育）⇒振り返り（協働して分析）⇒成長し続けるというサイクルが保育現場に求められています（図表１－１）。

図表１－１　振り返りの重要性

協働

振り返り

成長

（2）チーム保育

チーム保育は、ただ一緒に保育をするということだけではないんだね

チーム保育には、学ばなければならない理論があるのよ

❶ なぜチーム保育か？

　保育は「育つ」子どもと「育てる」保育者（など）が出会って、「育ち合う」活動です。集団の活動では、保育者が1人の場合は「指導する」「指導される」という2者関係が成立しやすいのですが、複数で担当すること、つまり、役割や機能を分担し連携して保育を行うことにより、3者関係が展開し、ダイナミックな集団活動がより豊かに展開されます。

　また、子どもが安全・安心して生活し、一人ひとりが大切に保育されるためには複数の保育者の視点で子どもを理解し、援助していくことが大切です。子どもたちもさまざまな個性をもつ保育者たちと関わることにより、いろいろな能力が引き出されていきます。

　【事例1】　3月の末に来年度のクラス担任が発表になった。4歳児のクラスは活動的なM先生とじっくり型のH先生の二人担任である。動きの活発な子、自分の気持ちを言葉で表しにくい子、新しい活動に緊張する子、などさまざまな行動様式の特徴がある子どもたちのクラスである。担任が自分の個性を生かしながらどのようにクラスを運営していくのか、加配の保育者も交えてまず率直に話せる環境をつくろうね、と話し合った。

　園では、クラスを複数で担任することが当たり前になっています。子どもの人数により保育者の配置が決まってきますが、一人ひとりの子どもを大切に保育しようとすると、多くの保育者が必要になってきます。早番・遅番、休日保育と勤務体制をとるなか、クラスでは、保育者の役割を分けて異なる関わり方[1]を子どもや活動について行っています。また、遊びをとおした総合的な保育展開では、担任だけではなく、その場にいる保育者同士がチームになって活動する

★1：T1（ティーワン）T2（ティーツー）T3（ティースリー）とよんだり、リーダー、サブリーダー、フリー・アシスタントとよんだりする。

ことが必要になります。また園では、栄養士や調理員・看護師・園バスの運転手など、職種の異なる人々が子どもや保護者に関わっています。ですから、保育者を含む全職員がどのようなチームを組んで日々の保育に携わるのか、が重要です。また、チーム保育を行うことを通じて、チーム枠を担いさまざまな役割を「意識的に」果たしていくことで、保育者として育っていけます。

チーム保育の効用として

①複数で保育を行うことで、安全・安心な保育活動を保障できる

②子どもを多面的に支える保育ができる

③子どもの興味や欲求、個性を尊重した多様な活動が設定できる

④保育者にも個性があり、子どもとの関係も豊かになることが期待できる

⑤保育者同士のコミュニケーションが進み子どもの理解が深まる

⑥保育者同士や看護師、栄養士などほかの職員が十分なコミュニケーションをとり合うことや連携への意識を高めていける

チーム保育の効用として以上のようなことが考えられます。複数で役割分担して保育を行うことで、保育者の考えを先行させすぎたりせず、また子どもの自己活動のままにしておくといった保育が防げます。多くの園でこのチーム保育が行われています。

❷ 豊かな集団活動のためのチーム機能、3 つの視点

複数の保育者が一緒に保育を行っているというだけでは、チーム保育にはなりません。チームを担うメンバーが同じことをして、同じように子どもに関わっているならば、一人で保育をしていることと同じです。異なる機能を果たす、という点がチーム保育の特徴です。

集団活動の展開においては、方向性・内容性・関係性の3つの機能が働くことが重要です（図表1－2）。

この3つの機能を複数の保育者がチームを組んで担い、役割分担して保育活動をすすめる方法をチーム・ティーチングとよびます。「方向性機能」とは、集団活動の方向性を明らかにする機能、「内容性機能」とは、集団活動におけるメンバーの自発性を促し内容をつくりだしていく機能、「関係性機能」とは、集団活動において人との関係やコーナー間の関係、場面や環境との関係などさまざまな関係発展を促進する機能をいいます。

図表1－2　集団活動の展開

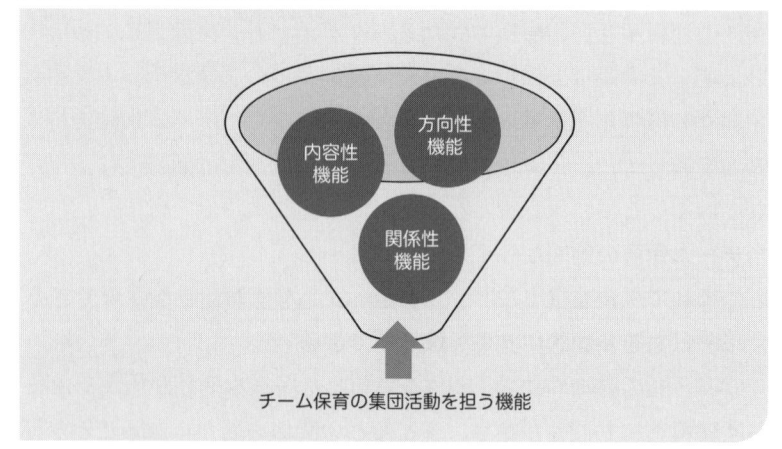

チーム保育の集団活動を担う機能

❸ 保育者チームの構成・活動類型

　園での保育を行うにあたっての保育者チームの構成について考えてみましょう。園は、保育者・職員が集団活動を行っている場所ですから、「集団活動を豊かに」がキーワードです。集団の活動をダイナミックに展開するために、次のようなチーム活動が考えられます。

1．職制によるチーム編成（社会地位的役割チーム★2）

　園に勤務する職員全体のチームです。研修や情報共有を通じてお互いの職種（専門性）を意識していきます。各職種・職位による役割があり、その役割を担って共通の目的のもとに組織されるチームで、質の高い保育をめざします。園長・主任・担任保育者・臨時保育者・加配保育者・事務員・看護師・栄養士・調理員など職制により果たす役割が異なります。全職員の専門性や勤務形態などが違うことが生かされて、立場の違う視点から意見を言ったり、活動を担えるため、組織運営、園内研修、災害や避難訓練、職員会議など幅広い活動が期待されます。園の保育の基盤をつくる保育チームといえます。

　専門性は発揮されますが、役割が固定しやすいことや、それにともなう責任も大きいです。勾配関係が成立しやすいため、配慮が必要です。

　また、専門機関（園外の異業種）の人たちと協力する場合があります。たとえば保健師と連携して保護者支援に当たったり、心理士と相談しながら障害のある子どもに関する支援をしたりすることな

★2：教育学者の松村康平による関係学の役割理論では、日常生活における役割を5つに分化させてとらえている。「自己身体的役割」「心理行為的役割」「人間関係的役割」「場面構成的役割」「社会地位的役割」

ども、「チーム」の機能を意識して行うことで、きめ細かな活動ができます。

2．経験・活動によるチーム編成（場面構成的役割チーム）

　活動ごとに役割機能を分担していくチームです。行事のときや委員会・事例研究・年齢別クラスによるチームで、経験に基づき事務などを分担し、継続して取り組む集団活動です。たとえば、お誕生会の計画、保護者対応、行事運営、月案等の作成、環境整備など、職員のそれぞれの専門性や得意なことを生かしやすく、職員が専門性、特技や個性を発揮することで、活動が豊かになります。また、役割分担し、協力することで、同僚性が育まれます。保育のプロセスを皆で共有し、つくることができます。

3．クラス担任による日常的活動のチーム編成

　一般的に保育場面でのチーム（チーム・ティーチング）といわれる保育者チームです。人間関係的役割チーム・心理行為的役割チームということができます。実際に、集団活動を展開する機能的なチームで、後述するように3つの機能を分担して保育活動に臨みます。コミュニケーションをさまざまにとりながら、協力して保育にあたるなかで、保育活動を安全に行い、子ども一人ひとりに目を配り、十分に生活や遊びが保障でき、子どもをいろいろな視点から援助し、理解することができます。

❹ 集団を運営するチーム保育の機能

　チームのリーダー機能として次の3つの役割を考えてみます。T1（リーダー）、T2（サブリーダー）、T3（フリー・アシスタント）が集団活動にどのように関わるのかを図で表してみましょう。T1は集団活動の全体を見ています。T2は集団活動を内側から広げ深めて支えます。T3は集団活動の外から支えます（図表1-3）。

1．T1　リーダー

　方向性機能を果たします。集団全体の方向を示します。「何をするか」という枠を決めたり、一日の保育活動全体のすすめ方、時間の配分、活動から活動への移行、活動の内容説明などを行います。週日案を書いて、保育の方向性を定めるリーダーシップをとります。

図表１－３　チームのリーダー機能

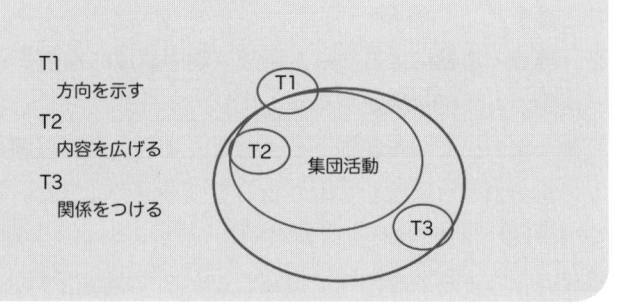

２．Ｔ２　サブリーダー

　内容性機能を果たします。集団活動の中身を広げたり深めたりする役割です。Ｔ１の方向性を子どもに即して拡大、伝達したり、活動の内容理解を助けたり、Ｔ１にくわしい説明を求めたりして、その活動への動機を子どもに与え自発的な活動ができるようにふるまう役割です。子ども同士の活動をつなげ、集団活動の充実を支えます。子どもがこの機能を担うこともあります。

３．Ｔ３　フリー・アシスタント

　関係性機能を果たします。外との関係をつけたり、足りないところを補ったり、環境整備・ものの準備をしたり、周辺にいる子どもやあとから集団に参加する子どもを媒介する、ものの準備をするなどフォローしながら、集団活動を外から支えます。常に、保育の経過をほかの保育者に伝えることが必要な役割です。

　具体的な事例は、第４章で後述します（150ページ（１）チーム保育の具体例参照）。

❺ チーム保育の類型まとめ

　以上の内容を表にまとめてみました（図表１－４）。３つのチーム保育の類型は、構成するメンバーやテーマ・職員の集団活動への関わり方が異なっています。保育活動を主体的に行うためにはチームの目的を考え、みずからの役割の機能を責任をもって果たしましょう。

図表1－4　チーム保育の類型

	I	II	III
チーム編成	園全体の職階によるチーム編成	経験・活動によるチーム編成	クラス担任によるチーム編成
テーマ	質の高い保育をめざす	保育内容を豊かにする	保育の経過の中で、一人ひとりを大切にする
方向性	保育の基盤を明確にしていく	保育のプロセスを皆で共有し、つくる	集団と個が関わりながら相即的に発展する
職員の関わり	全職員が、それぞれの専門性に応じて役割や機能を果たし園運営に主体的に関わる	全職員が自分の経験や特技・個性を生かし、子どもとともに活動を展開する	安全・安心な環境ので、子どもがのびのび生活できるよう、どの役割も担えるようになる
メンバーの例	園長・主任・保育士・栄養士・看護師・事務職員・非常勤職員・用務員	園長・主任・保育士・栄養士・看護師・事務職員・非常勤職員・用務員	保育士・非常勤職員
事例	組織運営・園内研修 災害・避難訓練 職員会議	保護者対応・行事運営・月案などの作成・環境整備	日常の保育・時間外保育・みんなの活動 個別活動

（3）子どもとの関わりの原則とは

保育者が子どもと関わるときには原則があるんだね

その一つを学べるのが、ティーチャーズ・トレーニングなのよ

❶ 子どもと関わる保育者像

　保育の現場では、保育者は日々子どもたちとともに過ごし、関わります。「子どもと関わる保育者」という言葉で、どのような場面をイメージするでしょうか。

　0歳児クラスで、「おいしいね」と優しく子どもに語りかけながら離乳食を食べさせる保育者。

　3歳児クラスのお散歩先で、子どもと一緒にタンポポの綿毛を発見し、ふうっと吹いて子どもと笑い合う保育者。

　5歳児クラスで、てきぱきと明確な指示を出し、自分で考え、話し合い、行動する子どもたちを見守る保育者。

　それぞれにイメージする理想の「保育者像」があることでしょう。しかし実際には、どうもうまくいかない、と頭を抱えてしまうときもあるのではないでしょうか。

　0歳児クラス。Aちゃんは後期食、Bちゃんはアレルギーがあり卵と小麦の除去食、あっ、Cちゃんが食べながらウトウトしてる、起こさなきゃ。Dちゃんは食べ終わったから、拭いて片づけて着替えさせようとしたら、あれっ、うんちが出てる！

　3歳児クラス。Eちゃんがまん丸のタンポポの綿毛をみつけて「ほら」と保育者に見せたのを、そばにいたFちゃんがむしりとる。泣き出したEちゃんを見て、GくんがFちゃんをドンと押した。Fちゃんはひっくり返って泣きだし、Gくんはきょとんとしている。

　5歳児クラス。皆で話し合って決めた発表会の劇の練習に参加してほしいのに、ちっともやろうとしないHくん、それに乗じてふざけまわるIくん、必要以上に抗議して問題をややこしくするJちゃん。唖然として傍観するほかの子どもたち。

　いずれも、その場で慌てふためいて対処し、あとで深いため息をついてがっくりしてしまうような場面ですが、よくあるエピソードでもあります。「聞いて、今日こんなことがあって……」と、あとで同僚と話すうちにおかしくなり、笑い出してしまうこともあるでしょう。保育の場は、保育者と子どもたちの双方が、それぞれの発達段階に応じたくさんの失敗経験を積みながら育ち合う場でもあります。

　それでも、うまくいかない場面が長期間続いたり、繰り返されるときには、その原因を探り、対応を考えていく必要があります。

　うまくいかないときには、子ども同士のいざこざやけがも起こりがちで、保護者も巻き込んだトラブルに発展してしまうこともあります。袋小路に陥らないよう、早めに同僚や上司に相談して、必要な手だてを打ちましょう。そして客観的に「何が起こっているのか」、状況を分析してみるとよいでしょう。

　少し冷静に子どもの「行動」に注目してみることで、不思議とそのときの子どもの「意図」や「本当の願い」がみえることがあります。「ああ、こうしたかったのか」「本当は一緒に遊びたかったんだね」と合点がいったら、それではその「本当の願い」を実現するためにどのように対応すればいいか、みえてきます。

　先ほどの5歳児クラスのHくんには、その発表会の出し物が簡単すぎてつまらないのかもしれません。Iくんは、Hくんのことが大好きで、いつもまねしたいと思っているあこがれの存在でもあると同時に、しっかり聞く力が弱くて先生の指示を聞けていないのかもしれません。Jちゃんは人一倍正義感が強く、きちんとしたい思いがあるのでしょうが、融通がきかない性格なのかもしれませんね。

　0歳児、3歳児のそれぞれの子どもにも、それぞれの発達段階なりの意思やその日そのときの事情があるはずです。これらの事情を無視してただ叱ったり、「正しい」方法を無理やり押し付けるだけでは、何も状況は変わりません。

❷ 子どもと関わる際の原則

　こうしてみると、一人ひとりの子どもがそれぞれの意思をもった唯一無二の存在であり、その日を生きる主人公であること、それぞれの人格と願いを尊重しつつ対応すべき存在であることが改めてわかります。たとえ生後8か月の子どもでも、後ろから無言でいきな

り抱き上げられおむつ交換を始められたら、さっき遊んでいたおもちゃのところへ戻ろうとするでしょう。1歳児であれば、激しく抵抗するかもしれません。

　一人ひとりの子どもの思いを尊重しつつ、それでも集団生活で仲間と楽しく過ごしていくために、保育者としてどのような対応を心がけたらよいでしょうか。指示の出し方や褒め方にはコツがあります。ガミガミと叱らなくてもよい、同じ注意を何度も繰り返さなくてもよい対応方法を学んでみましょう。

❸ ティーチャーズ・トレーニングとは

　ティーチャーズ・トレーニング（以下、Tトレ）は保育（教育）に困難を感じている保育者・教師が子どもへの対応の原則を学ぶためのプログラムで、「ペアレント・トレーニング★1」がもとになっています。6回からなる各セッションはおおむね2〜4週間おきに実施するとよいでしょう（図表1－5）。

　保育が思い通りにいかない、子どもが言うことを聞かない、褒めるところが見つからない、というときには、「言うことを聞かないから叱る」→「子どもが反抗する」→「ますます協力関係がなくなる」→「子どものいいところが見えなくなる」→「保育の自信を失う」というような悪循環に陥っているものです。少しでも子どもとのよいコミュニケーション関係に変えていくためには、子どもが変わるのを待っていてもダメで、保育者の対応を変えるしかありません。一番変えやすいのは、「褒める」「叱る」の部分です。

　今まで「叱ってばかり」だった対応を変え、今まで見過ごしていた「できているところ」に注目して「褒める」ことで、子どもがどう反応するか、注意深く観察してみましょう。見たこともないような、パアッと明るい笑顔を見せてくれるかもしれません。相変わら

図表1－5　6回のセッションの内容

	内容	課題
1	子どもの行動をとらえる	「行動を3つに分ける」
2	子どもを褒める―「褒める」コツ	「褒めてみよう」
3	子どもに伝える―「指示」のコツ	「効果的に指示を出す」
4	子どもを待つ―「スルー」のコツ	「好ましくない行動をスルーして褒める」
5	視覚的支援の活用	「目にみえる表」
6	行動を分析する、家庭との連携	「ABC行動分析」

★1：ペアレント・トレーニングは応用行動分析の手法に基づき、カリフォルニア大学ロサンゼルス校（UCLA）において1970年代に開発されたもので、発達障害など子どもの対応に苦慮する保護者のためのプログラム。通常、10回連続のセッションで、「褒め方」や「叱り方」「指示の出し方」のコツを少しずつ学んでいく。

ずふてくされた態度で無反応に見えても、いつもなら見向きもしない片づけを手伝ってくれるかもしれません。保育の手ごたえを感じると、「子どものいいところ」が見えてきます。クラスの雰囲気も変わってくるでしょう。

　Ｔトレの目的は、子どもにわかりやすい、具体的で効果的な対応方法（コミュニケーション方法）を身につけることです。研修では、それぞれの子どもに合わせた対応の技術を学びます（研修資料は第４章にあります）。

　ただし忘れてはならないのは、子どもを思い通りに動かすために「技術」を使うわけではない、ということです。たっぷり褒めて、的確なわかりやすい指示を出せば、結果として子どもは指示を比較的聞いてくれるようになるでしょう。しかし、私たちは「大人の言うことをよく聞く従順なよい子」を育てたいわけではないのです。

　「コミュニケーション」とは双方向の営みです。子どもたちの声を、そして声にならない本当の願いをくみとり、一人ひとりの人格を尊重しながら、日々の保育にフィードバックしていくことが求められます。

　先ほどの５歳児クラスのＩくんの場合、言葉だけの指示が伝わりにくければ、今日やるべきことをリストにして貼っておいたり、個別に具体的に指示することで、動きやすくなるかもしれません。これはＩくんが自分で何をすべきかわかって動ける、生活の主人公になるための支援だといえます。

　ではＨくんに同じ支援でうまくいくでしょうか。もし彼が本当に伝えたいメッセージが「やりたくない」でなく「つまらない」だとしたら、彼がみずから劇に参加したい、と思えるようなやりがいのある役や場面はつくれないでしょうか。得意分野があればそれを生かし、背景や小道具、ナレーションやBGMなどで活躍してもらえる場はつくれないでしょうか。ほかの子どもたちにも問いを投げかけながらＨくんの活躍の場をつくり、よりよい劇ができるとしたら、保育活動全体を見直すことで子どもを主体とした保育が創造されていくことになります。

　保育の主人公は「子ども」であることを忘れず、「技術」は上手に利用してください。

（1）保育の全体的な計画（保育課程）

保育課程ってなんだろう……

保育課程は、保育の全体的な計画のことなのよ

❶ 保育課程とは　（保育の全体的な計画）

　保育の全体的な計画は、その園が何を目的にしているかという園の保育理念や、保育方針・保育目標などを示しながら、それぞれの園の子どもの育ちを見通すことができる園の指針です。保育所における保育は、計画をもとに養護と教育が一体となって実践されます。子どもの実態、園の実態、地域の実態などを考慮し、子どもが保育所で安心して生活できるように発達過程を踏まえるとともに、子どもの生活全体をとらえた全体的な計画にすることが重要です。園の目標とその達成プロセスを示すおおまかな道筋をデザインしていきます。そして、記録などを使って振り返り、振り返って検討した評価を再構成し、次の保育実践に生かしていくことになります★¹。

　「保育所保育指針★²」では全体的な計画は「保育の目標を達成するために、各保育所の保育の方針や目標に基づき、子どもの発達過程を踏まえて、保育の内容が組織的・計画的に構成され、保育所の生活全体を通して、総合的に展開されるよう、全体的な計画を作成しなければならない」とし、「子どもや家庭の状況、地域の実態、保育時間等を考慮し、子どもの育ちに関する長期的見通しをもって適切に作成されなければならない」と記しています。

❷ 保育の計画の意義

　保育所で、子どもは毎日遊んで、食べて、寝て、一日過ごせばよいというものではありません。子どもの遊びや生活を大切にするからこそ計画が必要です。つまり、子どもにとっての豊かな生活を保障する、子どもにとっての充実した遊びを保障する、子どもの発達の見通しと発達に必要な体験を保障するためには、年齢ごとの発達

★ 1：PDCA サイクルという。
★ 2：「保育所保育指針」総則 3　保育の計画及び評価（厚生労働省、2017 年）

を押さえ、どのような経験を子どもにしてほしいか、どのような経験が望ましいか、を示す計画が必要です。なんとなく保育できるという保育者の経験値だけで保育内容を構成したり、好きなことだけをしたいという子どもの欲求に偏った活動のみで保育が展開することを防ぎます。

❸ 保育課程（全体的な計画）の作成

　園の目標とその達成プロセスを示すおおまかな道筋である保育課程（全体的な計画）が必要です。園長を中心に全職員で作成します。
・どのようなことを大切にして（目標）
・どのような方法で（方針）
・どのようなことを（内容）
・どの時期に（期間）
が主な柱になります。

　保育の全体的な計画は、地域の特色や個々の園での保育の積み重ねにより、特色のあるものとして、園の実態に即しながら作成されます。保育の全体的な計画は保育所保育の全体を包括するもので、それに基づく指導計画・保健計画・食育計画等も含まれるものです。以下に全体的な計画の作成手順の参考例を示しました。
①関係法令を参考に、保育所保育の基本について押さえる。
　「児童の権利に関する条約」「児童福祉法」また、「保育所保育指針」
　等の理解を深める。
②保育所保育指針における保育の全体的な計画の作成について基本
　の要件を理解する（前ページを参照）。
③園の保育理念・保育目標・保育方針等を職員間で共通理解する。
　その際、理念の文言等についての共通理解を深める。
④それぞれの時期の子どもの発達過程について理解し、保育内容の
　具体的なねらいと内容を設定する。
⑤園に在籍するすべての子どもについて配慮し、一人一人にふさわ
　しい生活が展開されるように作成する。
⑥保育の全体的な計画に基づいて、保育の経過や結果を省察・評価
　し、次の保育実践や計画作成に生かす。

❹ 指導計画

　指導計画は、全体的な計画に基づいて保育を実施する際の方向性

図表 1 − 6　全体的な計画と指導計画の関連

を示すものです。長期の指導計画は年・期・月などの計画で、子どもの発達の節目や生活の見通しなどをとらえて、各時期にふさわしい保育の内容を構成します。短期の指導計画は、週・日など、子どもの実態をとらえて、何に興味をもち、どのように遊んでいるかという具体的な子どもの日々の生活に即して構成します。遊びの継続性を大切にし、生活も連続していくように作成します（図表 1 − 6）。

　保育所は 0 歳から 6 歳まで幅広い年齢の子どもが生活していますので、指導計画作成に関してそれぞれ次のような配慮点があります。

1. 3歳未満児

　3 歳未満児については、心身の発育・発達が著しい時期であり、個人差が大きいため、一人ひとりの子どもの状態に応じて個別指導計画を作成します。家庭との連携や看護師などの多職種とも協力していきます。

2. 3歳以上児

　3 歳以上児については、クラスやグループなどの集団生活の計画と個の成長と子ども同士の関係の発達などの過程を意識して指導計画を作成します。

❺ 保育の評価と省察および改善

　保育の評価は、保育者の自己評価と保育所の自己評価の 2 つの観点から行います。

　保育者は保育の記録を通じて計画と実践を振り返り、自己評価をします。指導計画は、予想ですからその仮説が思うように展開するとは限りません。保育実践をとおして、子どもがどのような経験をしたのか、しなかったのか、その経験がどのような育ちにつながったのかなど、また、保育にあたった保育者の関わりや環境構成、チー

ムの連繋の仕方など必要な視点を見いだし、検討して次の保育に生かします。みずからの保育やチームの実践を振り返り、指導計画に無理がなかったか、子どもの主体性が生かされ遊びの継続性がみられたかなど、具体的な内容を職員間で検討することが保育者の専門性の向上に役立ちます。

　保育所の自己評価は、園長や主任などを中心にしながら、職員全体で保育内容や園の運営について、継続的な話し合いを通じて行われます。保育の全体的な計画や指導計画、方針や目標などについて評価の観点を定め、園の保育の質の向上をめざします。保育の評価の結果を踏まえ、保育内容などの検討を行い、保育実践を改善するなかで職員間の共通理解が深まります。この過程を経ながら、保育所としての改善の目標と方向が決まり、それにむけて具体的な方法や体制を考え、実行していきます。

❻ 全体的な計画と指導計画の作成に関する配慮

　全体的な計画や指導計画などを作成する要件は以下の点です。
①生活における子どもの発達過程を見通す。
②子どもの実態に即した具体的なねらいおよび内容を組織する。その際★3には「保育所保育指針」の保育内容を基本に安定した生活を送り充実した活動ができるよう配慮する。
③養護と教育が一体となった保育内容に留意する。
④長時間にわたる保育、障害のある子どもの保育についても指導計画に位置づける。

　また、2017年に告示された「保育所保育指針」では、総則の4に「幼児教育を行う施設として共有すべき事項」が新たに加わりました。3・4・5歳児の保育は、幼稚園・幼保連携型認定こども園での保育内容と共通の内容となっています。保育の全体的な計画や指導計画を作成する際には、保育の目標を踏まえ、「育みたい資質・能力」を念頭に置きながら、保育活動全体をとおして、とらえるべき子どもの育つ姿を踏まえて保育活動を考える必要があります。

★3：2017年に告示された保育所保育指針では、年齢を3段階に区切り、それぞれの年齢における保育のねらいおよび内容が示された。

（2）保育の記録

保育の記録は、いろいろな種類があるんだね

保育者が書くものには保育の全体的な計画、指導計画、保育日誌や連絡帳があるのよ

　保育現場で必要とされる「書くこと」の目的や意義を確認し、書くことを通じて保育の省察ができる力をつけましょう。保育の全体的な計画・指導計画（月案・週案）の作成や保育日誌・連絡帳の書き方について学び、危機管理・安心安全な保育に必要な午睡表や事故報告書などの書き方も身につけましょう。

❶ なぜ記録が必要なのか

　保育の計画、週日案、毎日書く保育日誌をはじめとして、午睡表や事故報告書、保護者とやりとりする連絡帳など保育所では書類や書くことがたくさんあります。なぜ、保育を記録するのでしょうか？保育の記録は、単に出来事を情報として残していくものではありません。安全・安心な保育が行われたか、子どもの発達を保障する保育内容だったのか、子どもの活動を保育者が支えることができたのか、などを自己評価していくものです。

　書くことをとおして、保育のなかで大切にしていることや重要なこと、チームでの連繋のとり方など、自分の保育の視点が定まってくると思います。スタート地点は、子どもの観察と理解です。外から見える子どもの活動や行動だけではなく、子どもの気持ちの育ちや意欲など内面まで読みとっていきましょう。

❷ 記録のいろいろ

　園での保育の記録にはさまざまなものがあります。それぞれに求められている内容が違うので、各書類の目的を把握することが大切です。「なんのために」「どのような内容を」「誰を対象にして」、そのためには「どのような表現・文言が適切か」を考えて書きます。

保育は行政から委託をされ子どもの命を預かる仕事です。適切な環境のもとで安心して園で生活していくことを支えるために、子どもの記録や園の運営状況を記録しておくことは保育者の責任ある仕事の一つです。帳票とよばれる記録類は、監査のときに提出されますが、日々の保育をしっかり記録して、省察しながら保育が行われていれば、何の問題もありません。

①園で役割を担い記録者として書くもの
　・職員会議の記録、研修の記録等や指導計画、行事の記録、防災訓練の記録など
②報告が義務づけられているもの
　・午睡表や事故報告書、保育所児童要録、児童票など
③担任として書くもの
　・指導計画、クラスボード、保育日誌、連絡帳、児童票、クラスだよりなど

　帳票について何のためにどう書くのか、くわしくみていきます（図表１－７）。

図表１－７　保育所の帳票の種類

帳票の種類		内容と注意点
指導計画	年間指導計画 （期案を含む）	保育の全体的な計画をもとに、子どもの発達する姿を長期的にとらえて、ねらいや内容、方法を想定したもの。子どもの生活の連続性、季節などの周囲の環境の変化や行事、地域性などを考慮し、子どもの興味や関心、発達の実情に応じて作成する。
	月案	１か月を単位とした長期の計画。保育の全体的な計画、年間指導計画にそって、その月の子どもの生活する姿を見通し、ねらいと内容、環境構成、援助のあり方を計画する。
	週案	週を単位とした短期の指導計画。その週の子どもの生活する姿を見通し、保育の全体的な計画や年間指導計画、月案などに基づき、具体的な保育の展開を計画する。前週の子どもの姿・実態から週のねらい・内容・環境構成および予想される子どもの姿、保育者の具体的な援助に加え、保育の評価・省察からなる。計画を立てるだけではなく、実践を評価し、次の実践に生かすことが重要。

帳票の種類		内容と注意点
	日案	一日を単位とした短期の指導計画。前日の子どもの姿から、個々の遊びや活動を具体的に予測し援助の手立てを考えていく。保育者の予測を超えた子どもの遊ぶ姿もあり、子どもの実態をとらえて、計画を柔軟に変更するなどが大切。デイリー・プログラムは、時系列での「活動」の予定であり、日案は予想される子どもの姿やそれに呼応する保育者の援助などが考えられているという特徴に違いがある。
	週日案	週を単位とした指導計画と日案を組み合わせた指導計画。子どもの生活や経験を保育内容からとらえ、そこから保育環境や援助を見直そうという点や子どもの遊びや生活の流れを連続してとらえていこうという視点がある。 具体的には、保育者チームでその週にＴ１（リーダー）になる保育者が立案し、他の保育者と相談しながら作成し、園長の承認を得るなどをする。
保育記録	保育日誌	自分の担当する子どもたちについて保育の実施状況を把握するため毎日記入する記録。子どもを理解し、評価するために行うが、内容や様式は園の特性を踏まえ保育者が決めていく。具体的には、その日のＴ１（リーダー）の保育者が中心となって記入し、ほかの保育者が補足していく。評価と反省を記入後、園長・主任とともに、内容を検討していく。
	個人記録 （児童票）	「児童福祉施設の設備及び運営に関する基準」第14条に規定されている書類。入所している者の処遇の状況を明らかにするため保育所に備えられている帳簿である。保育経過の記録は、保育日誌などを活用し、対象の子どもの興味・関心、遊びの様子、生活への取り組み等発達する姿を記入する。生活年齢が低いほど、記入の期間を短くとり、発達の様子はよくわかるようになっている。
	保育所児童保育要録	すべての保育所の入所児童について、保育所から小学校へ送付する資料。子どもの連続的な育ちをとらえ、保育所の生活の様子や発達の状況を記入する。小学校での子どもの育ちを支え、子どもの理解を助ける資料として期待される。
管理の記録	睡眠チェック表	子どもの睡眠中に、体調の変化や呼吸の変化がないかどうか調べたり、うつぶせ寝を防いだりするために、午睡中にチェックするもの。たとえば、時間を決め、保育者が交代で、睡眠状況をチェックするなど。

帳票の種類	内容と注意点
事故簿（報告書）	保育中の事故やけがについて記入するもの。事故の経過を記入し原因となるものや事柄を改善したり、けがの前後の状況を把握したりすることで、次のけがを防止することをねらいとする。ヒヤリハットの事例から、医院を受診した事例などがある。自治体により指定の書式がある場合がある。

❸ 記録の書き方

　保育所は、行政などに書類の提出を求められるため、決められた書式にそい、文言も選んで書きます（保育所児童保育要録など）。出席表や午睡表、健康カード、アレルギーに関する注意事項などは、子どもの命や成長に関わる書類です。子どもたちの育ちを保障し、安全な生活を送るために、毎日記入する必要があります。気を抜かず、記載漏れなどないように注意をします。

　また、保育所の記録は、教職員の共通理解を促すためのものです。基本の視点や姿勢を身につけ、書くことを通じて、各保育所の保育の視点を学びましょう。また、書くことで自分の考えがまとまったり、新たな発見をしたりします。自分の考えている保育のなかで大事にしたいことやもつべき視点を確認できるので、「書く」ことで自分を育てましょう。

❹ 指導計画の重要性

　子どもたちの遊びと生活の様子をとらえ、発達の観点をもちながら、保育の計画を立てます。保育の計画は、保育の全体的な計画に基づいて立てる年間計画、月案、週案などがあります。実際に保育に生かしやすいのは週日案だと思います。月案をもとに週日案を立て、保育日誌などを書きながら、改善点を見つけ、評価を行い、次の日の保育に役だてましょう。くわしい説明は（1）保育の全体的な計画（保育課程）で前述しています（18ページ参照）。

❺ 日常の保育の記録

1．保育日誌のコツ

　最初は何を書いていいのかわからないかもしれません。保育日誌は、子どもの成長の記録であり、その日の保育を振り返り、次の日の保育内容を導くことができるように書きます。次のような視点と

順番で書くと、書きやすいでしょう。

　まず、日案・週日案で今日の保育のねらいを確認します。

①最初にその日の子どもたちの全体の様子を書く

②今日行った保育の内容から印象に残ったあるいは、意識的に行った保育内容について述べる

③１人か２人の子どもの様子や変化を書く

④担任としての自分の関わりについて、チーム保育の連携の仕方などについて保育者の保育評価を書く

【事例1】　保育日誌　１歳児　もも組

　週明けで気分を新たに登園してきた子どももいれば、生活リズムが崩れたのか、眠い様子の子どももいたので、朝の会でリズミカルな体操を行った。

　午前中は根津神社に散歩にでかけたところ、商店街で「元気だね」「がんばって歩いてね」など声をかけていただいた。ショウブの花がきれいに咲いており、「ショウブ」「むらさき」と保育者の説明を繰り返し言葉にだして楽しんだ。子どもたちはショウブの花を「きれいだね」とゆっくり観賞した。Ａ子がカートから降りたがり、降りてＴ３の保育者と手をつないで神社まで歩きとおした。

　朝の会で今週の保育者チームを確認し、カートの準備などもしたので、散歩の活動中じっくり子どもたちに関わることができた。給食の時にアレルギー対応の確認に手間どったので、気をつけたい。

２．連絡帳を書くときの注意

　連絡帳は家庭と保育所とをつなぐ重要なツールです。毎日の小さな出来事でも、子どもの様子が具体的に書いてあると、保護者は安心します。やりとりをていねいにすることで、一緒に子育てをしている、安心して子どもを託すことができるという信頼関係も生まれます。

　その反面、書いたものは読み返せるため、いったん表現が気になると、それによって信頼関係が崩れることもあります。

　たとえば、けがやいざこざが起きたときや、何かができる・できないに関する子どもの発達への疑問についてのやりとりは、担任だからといって自分の考えだけで書かず、必ず園長先生や主任に見ていただきましょう。

　連絡帳を手がかりに、長い目でみた子どもの成長がわかることもありますが、親の子育て日記にならないよう、取り上げる話題については考えていきたいものです。

３．家庭への発信の重要性

　毎日書くクラスボード、園のたよりやクラスだよりなどは、保育者の保育の意図を知らせるツールでもあります。最近では保育の様子を写真にとり、ポートフォリオ（やドキュメント）を用いて視覚的にわかりやすく示している例もあります。保育所での子どもの様子を知り、保護者が安心して子どもを託せるように、保育内容や子どもの様子は具体的に、肯定的な表現で書きましょう。

　【事例２】 クラスボード　５歳児　さくら組

　　今日から12月。10時からクリスマス会の歌の練習をしました。今回はリズミカルな歌と静かな歌を２曲歌います（曲は当日のお楽しみ）。リズミカルな曲は元気に、そしてどならずに歌います。静かな曲は、歌詞の内容をイメージしながら皆で歌い方を話し合いました。高い音があるのですが、きれいに響くよう練習しています。

❻その他の記録

　記録には「書く」記録だけではない。吉田（2011）[1]は相談援助の記録の方法について、「支援者が書く書面だけではなく「画像（ＤＶＤ・ビデオ・写真）や音声（テープレコーダー）、本人の描いた絵や文章、調査結果なども記録」と言えるとし、「記録することは、支援の質を高め、利用者の生活の質を高める」としている。

　書面等に残した記録があることで、どのような保育が展開し、どのように子どもの発達を援助したのか、を振り返ることができる。また、多くの場合、保育はチームの形をとりながら行われており、記録を媒介にして、保育内容を確認し改善内容を共通理解し、次の実践に生かすことができる。特に、園内研究やケース研究などで実際に場面を共有していない場合には、画像や音声の記録[2]を使うことにより、場面の理解がしやすくなり、様々な視点からの振りかえりと検討ができると考えられる。

★1：『生活事例からはじめる相談援助』（吉田眞理、青鞜社、2011年）
★2：写真やDVDの保育の記録に関しては利用目的・期間などを明確にし、利用については子どもや保護者の了解が必要である。

（1）危機管理

保育現場にも、いろいろ危ないことがありそうだね

子どもの安全を守るために、危機管理について学んでいきましょう

❶ 危機管理とは

ここでは、保育者であるあなたがまず意識すべき危機管理について考えます。まずもってそれは今目の前にいる子どもたちからすべての危険を排除することといえます。子どもたちの命を守るのはこのテキストを読んでいるあなたであると強調しておきます。

突然ですが、最近、子どもが危なかった瞬間を思い出してみてください。学生のみなさんは、ボランティアの時や実習等での出来事を思い出してみてください。「子どもがドアに手を挟みそうになった」「鼻の奥にＢＢ弾を詰めてしまって、泣きながら子どもが助けを求めてきた★1」。さまざまな瞬間が思い浮かぶことでしょう。では、その危険な瞬間にあなたはどうしましたか。

そのときに保育者として問われる能力が“判断する力”です。子どもが手を挟みそうになったときにすぐに救いの手をのばすことができるか否か、鼻の奥にあるものをどう取り除くべきかなど、子どもの危険な瞬間には、保育者としての判断する力が必要となります。その判断する力は時に結果を大きく左右します。

判断する力を育てるものは、保育者としての経験です★2。ベテランの保育者はその判断する力を適切に行使できることが多いと思ってよいでしょう。ただし、同時に自身の判断する力に疑いをもたなければなりません。たとえよい結果が生まれた場合においても、そのときの保育者としての判断が偶然よい結果を生んだだけという可能性も考えておかなければなりません。これについてはベテランの保育者も同じです。判断する力とは、（何年たっても、立場が変わっても★3）常に疑い続けるべき能力であると強調しておきます。

子どもの危険な瞬間に遭遇したとき、保育者として判断するとき、

★1：筆者の実体験。ＢＢ弾とはおもちゃのピストルの弾。家庭からいつのまにか園に持ってきていたものをいじっているうちに鼻に入れてしまったらしい。この時は散々判断に迷ったが、病院へ連れて行き医者に取り除いてもらった。
★2：あなたが子育ての経験を持っているなら、それも判断する力を育てるだろう。
★3：あなたが主任などから園長へと立場が変わっていったとしても、という意味。

そこには常に迷いがつきまといます。それは保育者としての葛藤を抱く瞬間でもあります。さらに、判断したあとも「あのときの判断はあれでよかったのか？」などの葛藤へと変貌を遂げる場合もあります。保育は"これ"といった正解が得られにくいものです。それゆえに常に頭の中には葛藤がつきまといます。そして、その葛藤はあなた以外の保育者も常に抱えています。

　そこで、さまざまな立場、考え方の保育者が同じ行動ができるように用意されているものがマニュアルです。マニュアルは園全体で共通意識をもって行動するためにあるものです。何より日ごろからマニュアルを一個人において熟読し、そのうえで園全体での研修や訓練などを何度も行い、マニュアルへの理解を深める必要があります。こういった日ごろの繰り返しがあってこそ、マニュアルは自分の身についていくものであると強調しておきます。

❷ 保育現場のマニュアル

　マニュアルはその組織に属する人間全員が同じ考えで行動できるように用意されているものです。その組織が危機に瀕したときには、マニュアルがそのよりどころとなる場合もあります。それほど重要な書類であると認識すべきです。

　ところが筆者の経験上、マニュアルは「最初に配られて少し読んだだけ」「職員室の隅のほうでほんの少し目立つように置いてあるだけ」など、冷遇を強いられている場合があります。「マニュアルはとても大切だから」と常に手元に置いて保育をしている保育者を筆者は見たことはありません。

　マニュアルは、新任保育者、中堅保育者、ベテラン保育者、園長、事務職など、立場や経験年数を問わず、全員が必ず熟読すべきです。マニュアルに記載されていることはすべて最低限守らなければならない事項となります。この自覚をしっかりと個々でもったうえで、それぞれのマニュアルにおいて、個々が"これだけは押さえるべき"というポイントを書き出しておくとよいでしょう。日ごろ手にしているメモ帳などに書き出しておくとよいです。その書き出したポイントがいざというときにきっと役立ちます。

　マニュアルを熟読した一人ひとりによって"これだけは！"というポイントは異なってくることでしょう。ここではマニュアルを活用するにあたって、押さえておくべき共通項を示しておきます。

①園長に報告する

　何かあった場合には、すぐに園長へ報告すべきです[4]。園長がその場にいない場合はそれに準ずる立場の人間に報告すべきです。園長がその場にいなくても、あらゆる手段を使って園長へ報告すべきであると筆者は思っています。魔法の言葉として「まずは園長」とインプットしておくとよいでしょう。

②全員体制で

　マニュアルをもとに、園長を中心とした全員体制でその危機に立ち向かうことが大切です。それぞれが思い思いに勝手な行動をしないということが求められます。

③つぶやかない

　保護者から登降園の際に説明を求められる場合があります。その瞬間、つぶやかないことも大切です。「つぶやく」とは、その場で保護者に直接さまざまなことを口に出してしまうことをいいます。SNS（ソーシャルネットワークサービス）等に投稿することもそれに含まれます。それぞれがその危機に関して勝手な思いをつぶやいてしまうことは、園全体の危機管理の側面からは不利に働いてしまうことにつながります。

　なお、パソコンやタブレット、携帯電話やスマートフォンなどを使用しての"つぶやき"も一切しないことが求められます。

❸ 事故対応を考える──実際の事故事例から学ぶ

実際に起こった事故を例とし、学んでいきましょう。

【事例】　9月、ある保育所での出来事

　この園ではおやつの配膳の際、アレルギー児のおやつは別のトレーに置いています。そのトレーからは子どもを移動させないルールにもなっていました。

　保育者であるあなたは、そのトレーからおやつを手に取り、対象の子どもにもっていこうとしました。その際、別の子どもの対応が生じたためいったんテーブルにそのおやつを置いてしまいました。対応を終えて戻り、テーブルに置いてあったおやつをその対象児に提供しましたが、そのおやつはアレルギーとなる食材が除去されていないものでした。すぐにほかの保育者が気づき対応しましたが、スプーンで1回すくったあとがあり、食したかどうかはわからない状態でした。なお、その後の体調に変化は見られ

★4：マニュアルによっては、報告すべき人間が異なる場合もある。それであってもこのポイントをおさえることがとても重要である。

ませんでした。

この事例を読み解く一例を以下に記しておきます。細かな対応は
その場の状況によって変化します。実際に事故が起こった際には、
園長を中心として、全員体制で、つぶやかずに行動してください。

1．どういった対応をすべきでしょう？

まずは、気づいたその瞬間★5にすべきことを考えます。この事
例の場合は、すぐにそのアレルギー児のもとへ駆け寄ることから始
まります。同時に食しているかどうかの確認をし、場合によっては
口から取り除く作業も必要となります。話ができる年齢の子どもで
あれば、直接本人から聞き取りを行い、また、話ができない年齢の
場合も安心できる言葉がけが必要となります。気づいてくれた保育
者から情報を得ることも必要です。次にその子どもへの対応を適切
に行う必要があります。保護者の迎えが来るまで、その子の体調に
変化がないか見守りながら保育にあたることになるでしょう。また、
その子どものまわりで動揺しているような子もいる可能性がありま
す。そういった子に対する配慮も求められるでしょう。

事後対応★6として、園長への事故報告を速やかに行います。報
告と同時に、自身の注意不足であった旨を謝罪する必要もあります。
事故報告書の作成が求められる場合もあります。また、気づいてく
れた保育者への感謝、謝罪の気持ちを伝えることも大切です。

2．予防する方法、改善点は何でしょう？

保育者の立場からは、アレルギー児のおやつをいったん手にした
ら必ずその子のもとへ届けること、それを今後最大限の注意をは
らって守り続けることが予防方法へとつながるでしょう。

園全体としては、今回の事故を教訓に今一度全員でマニュアルに
そって園内のルールを再確認し、徹底し合うことが必要となります。
その作業を通じてルールの見直しも必要になるかもしれません。

3．保護者への対応を考えてみましょう

事故発生直後は、園長に報告したうえで保護者へ連絡を行います。
保護者が迎えに来た際には、園長とともに対応すべきです。そして、
謝罪のあと、状況を正直に話すことが求められます。また保護者か
らの質問にはていねいに対応します。

翌日以降には、その子の状況を保護者から聞き取ります。あらた
めての謝罪も必要です。予防策、改善策などが園で話し合われたあ
とであれば、それを保護者へ報告する必要もあります。

★5：症状によっては病院へ直行する場合もあるだろう。必ず園長の指示を仰いだ上で行うこと。
★6：子どもへの対応と同時進行で行う必要がある場合もある。

（2）保育現場におけるメンタルヘルス

保育者は毎日明るく元気に保育をしてほしいな

セルフマネジメントが重要な意味を持つのよ

　保育者は対人援助職として、子どもや家族の生活を支える仕事です。子どもたちが毎日明るく元気に、主体的に遊び、仲間とともに成長することを援助するためには、保育者自身が充実した生活を送り、健康的で健全な生活者であることが求められます。現在をもっともよく生き、望ましい未来を大人もみずからつくらなければなりません。しかし、現状では元気で明るくとばかりはいきません。職務や責務などでストレスを感じたり、職場での人間関係の変化などによりつらくなったり困難な状況になることもあります。

　そこで、この項では、ストレスとは何か、ストレスに対応するセルフマネジメントの方法を学びます。上司や先輩、子ども、保護者に対応する職場で、自分のストレスとならない方法で適切な環境をみずからつくり出せるよう、具体的な対応を考えましょう。

❶ ストレスとは

　「ストレス」という言葉はカナダの生理学者ハンス・セリエが使い始めたといわれています。2つの意味で使われており、「ストレス要因」つまり、原因を意味する場合と「ストレス反応」つまり原因を受けて生じた変化を意味する場合があります。

　ストレス要因として考えられることには、仕事の負荷・人間関係・生活環境のほかに、寒さや暑さなどの気候や気圧の変化などもあります。「生物的ストレス」「科学的ストレス」「精神的ストレス」という分類もあります。

　ほかにもストレス要因はいろいろ考えられますが、この要因は「個別性」が高く、ある人にはストレス要因になることでも、ほかの人は別に平気というような場合も多いのです。ですから、どうして悩

むのか、なぜできないのかなど、なかなかほかの人には理解できない場合もあります。

　ストレス反応も個々で異なり、体がだるい、やる気が起きないというような身体的な不調になることもあれば、ひどくがんばってしまう過活動的（やりすぎる）な行動になる場合もあります。

❷ ストレスの不思議

　ストレスというとマイナスなイメージがありますが、実は２つの働きがあるといわれています。その働きのうち、よいストレスのことを「ユーストレス」とよびます。一方、悪い影響を及ぼすストレスを「ディスストレス」とよびます。

【事例１】

　Ａさんは今年園の研修責任者になった。初任の保育者が３名おり、園の運営や帳票について説明する研修をまず行った。

　わかりやすく説明するために資料をつくったり、けがの対応などを実演できるよう準備した。わかりやすく、時間内で説明するなど工夫できたかどうか、新人が負担に感じないかなどこの１か月気になってゆっくり眠れない。次は全体の園内研修で、危機管理を研修することになっており、そちらも不安である。

　昨日新人の保育者が「Ａさん、この前はありがとうございました。Ａさんの説明のおかげで帳票が書きやすいです」と言ってくれて、うれしかった。

「ユーストレス」という考えは明確な目的をもってものごとに取り組んだときに、途中でつらい出来事（ストレス）が降りかかってきても、前向きにとらえ、乗り越えて充実感を覚えることができるようなストレスです。仕事のやりがいなどがこれにあたります。めんどうくさい・つらい行為でも他人に喜んでもらえるとすれば、その行為・作業自体に充実感を得ることができます。運動会の行事など、疲れるけれど子どもの満足な表情や保護者の笑顔を見ると疲れがふきとぶ、ということも一つの例です。少し難しい課題に取り組むときなどがその例です。

　悪いストレスを「ディスストレス」といいます。このストレスは体がだるい・やる気が起きない・朝起きられないなど身体症状に表れたりしますが、気がつかないことも多いものです。気づいたときにはこのストレスに取り込まれることなく、またやっつけようとす

るのでもなく、うまく付き合っていくという姿勢が大切です。そのことを「ストレスマネジメント」とよびます。

　また、ライフイベントとストレスにも関連があるといわれています。人生におけるイベントが人にどのようなストレスをかけるのかというストレスを数値で表す試みがあります。それによると、通常は楽しく希望に満ちた出来事である結婚や出産、家族が増えること、昇給や出世なども50ぐらいのストレス数値になっています。

【事例2】

　Bさんは最近妊娠したことがわかり、家族や友人が祝福してくれている。育児休暇をどのくらいとろうか、そもそも体調を整えながら仕事ができるのかなど、心配なことがあるのだが、励ましやお祝いの言葉をいただくので、相談しにくくひとりで悩んでいる。

　つまり、生活のなかでは、新しい状況に身を置くことは、一見楽しい状況にみえたり、ささいな問題に思えても、想像以上のプレッシャーになることがあるというわけです。

❸ ストレスを味方にするには

　ストレスはいつでもどこでも誰にでもあるものですから、ディストレスとはうまく付き合っていくことが必要です。ストレスや、困ったことがあっても、「今、ここで、新しい自分であることを大切にしていく考え方」をすると、自分らしく生きられます。また、常に自分のありようを「満点から始める[1]」ことを考えてみましょう。

　感じ方や考え方を変えることが難しい場合の具体的な問題解決の方法として「3つのC[2]」があります（図表1－8）。

図表1－8　3つのC

認知 Cognition	・ものの見方・考え方を変えてみよう ・別の見方をすると価値がかわり問題はなくなる
コントロール感覚 Control	・自分らしく取り組もう ・なんとかなるさ、という感覚をもつ
コミュニケーション Communication	・数に頼ろう、他の人の力を借りる

★1：教育学者の松村康平による提唱。『関係学ハンドブック』（関係学会・関係学ハンドブック編集委員会編、関係学研究所、1994年、p.82）
★2：『はじめての認知療法』（大野裕、講談社、2011年）

❹ 具体的な方法を考えてみましょう──グループワーク

自分で何とかなる課題、相手がいる課題、長いスパンで取り組む課題、すぐにできそうなこと、心構えを変えていきたいことなどを見つけ、ストレスにうまく付き合っていきます。

１．コミュニケーションをとる際のストレス

上司や先輩、保護者とのコミュニケーションでストレスに感じていることがありますか？　自分で課題と思っていることを言葉にしてみましょう。

グループで話してみましょう。課題を言語化することにより、みずから整理できるようになります。グループで話してみることで他者の悩みを知り、共感するなかで自分を見つめなおせます。

２．ストレス対策、セルフマネジメントについて自分の問題を整理する

自分が「困っていること」「ストレスだ！　と感じていること」「嫌なこと」、あるいは　「解決したいこと」「変わりたいこと」などを考えます。

グループで話してみましょう。グループのメンバーも同じようなことを感じたり、悩んだりしていることを感じ、ただ悩むだけではなく、具体的な行動にしていくことが必要であることを実感できましたか？　上司や先輩、保護者に対して自分のストレスとならない方法で適切な対応ができるようになるといいですね。

３．コミュニケーション力を高めることで、人間力を高める

職場での人間関係の変化や発展に役立てそうなことを発見し、セルフマネジメントに役立てます。上司や先輩、保護者に対する職場での適切なあいさつや言葉づかいをするなど、「できそうなこと」を探します。

４．ストレスの整理をする

自分が感じているストレスを下のように分類して整理してみましょう。

①自分に関すること（例：朝起きられない、家事が大変など）

②仕事に関するもの（例：やることがたくさんある、書くことが苦手など）

③人との関係に関すること（例：職場での同僚とのコミュニケーションがとりにくい、上司に慣れない、保護者とのコミュニケーションが苦痛など）

（3）保育現場のコミュニケーション

保育現場にはいろいろな人が働いているね……

その人たちが現場で協力し合うためには、コミュニケーションをしっかり取ることが大事なのよ

　保育の現場はさまざまな職種が複数集まり、子どもや保護者、地域の子育て家庭を支援していく場です。保育者は対人援助職として重要な責務を担っています。子どもが好きで、保護者の役に立ちたいとこの仕事に就こうとしている人が多いことでしょう。実際には乳児から6歳に至る発達途上の子ども、さまざまな家庭といろいろなタイプの保護者、また、年代や働き方の異なる職場の仲間との関係などなかなか難しいことと思われます。人とうまく付き合うことは決して簡単なものではなく、また「保育現場」ならではの難しさもあります。

❶ 職員間のコミュニケーション

　仕事場でのコミュニケーションの一つとして「報連相」が重要だといわれます。「報告」「連絡」「相談」です。ではこの「報連相」は誰に・何を・どのように行うのでしょうか？

【事例1】

　今日のカギ当番のAさんが一回りしてきて、先輩のBさんに伝えました。「カギはかけました。窓も閉めました。ごみを集めましたが、どこに捨てればよいですか？」

【事例2】

　今日のカギ当番のCさんが一回りしてきて、先輩のBさんに伝えました。「Bさん、今日のカギ当番のCです。一階から順番にカギをかけてきました。各部屋の窓も閉めてあるかを確認しています。どの部屋もきちんとしていました。それからごみを集めてあります」

　この2つの事例では両方とも「報告・連絡・相談」が一応行われ

ています。しかし、【事例１】は突っ立って必要なことのみを無愛想に伝えているようなイメージに感じます。【事例２】では、相手の名前を呼んでいたり、教えてほしいと頼んだり、相手を大事にしている様子が伝わります。また鍵や窓の様子も伝え、職員の仕事ぶりも目に浮かぶような報告をしています。

　このように「報連相」を基本とし、伝える相手を尊重したり、内容がわかるように伝えたり、依頼やお願いはきちんと伝えるなど、「報連相」を超えたやりとりをすることがよりよいコミュニケーションです。一方的な伝達だけではなく、必要な情報を織り込みつつ、気持ちのこもった対話的なやりとりをすることがコミュニケーションの基本です。このようなコミュニケーションができると、メンバーの人間力が高まり、職場でのよい人間関係が構築されます。

１．職場でのコミュニケーションという視点

　職場は目的を一にした「仕事」をする場所です。仲よし集団である必要はありません。専門家として仕事を一緒にしていく仲間としてのコミュニケーションの基本は相手の尊重です。相手の考えや思いをしっかり聞くこと、職員会議や活動の相談などお互いの考えを伝え合う場を大事にしましょう。率直に意見を表明できる職場では、それぞれのコミュニケーション力が高まります。職制によって発言が偏らないようにすることが大切です。

　クラス活動などで、一緒に仕事をしたときには、やってもらって当たり前と思ったり、自分の役割だけすればよいのではなく、お互いにしていることを確認し合い、自分の役割を果たします。共有したいことを伝えたり、そのときの気持ちや相手にしてほしいことも伝えるとよいでしょう。「お願いします」「ありがとう」「助かります」「いい考えですね」「参考になりました、同じようにやってみます」などの言葉かけが関係を円滑にしていくと思われます。

　保育場面でうまくコミュニケーションをとるために、自分の役割をしっかり認識し、そのうえで、具体的な行動（していること）をほかの保育者に伝えます。次の【事例３】でみていきましょう。

2．「報連相」を超えたコミュニケーション

　下の【事例3】のように、「ありがとう」「お願いしますね」など
の気持ちを伝えたり、名前を呼んだり、自分がすることを言葉にし
て確認していくと「報連相」を超えたコミュニケーションになります。

【事例3】　2歳児クラスが散歩にでかける前の場面　T＝保育者

T1	T2	T3
「今日はいい天気ですね」 （つぶやく） 「A先生、散歩の時間です」 （T2とT3は何をしているのか確認）	・「いい天気だね」 ・「いい天気だね。おひさま、きらきらで晴れてるね」 ・聞こえているが、子どもの着替えに忙しい ・「何するのかな」伝えてほしいことをつぶやく ・T1にむけて「はい」と伝える	・子どもの着替えを援助しながら「天気がいいね」と個別に声かけ ・もくもくと着替えを援助する ・泣いている子どもに関わる ・「○ちゃんは、ここで着替えています」とT1に今子どもがしていることを伝える
「公園に散歩に行くよ」 「T2さん、T3さんお願いしますね」と依頼する	・「散歩だって」と子どもに伝える ・「散歩だって、楽しみだね」 ・子どもが並んでいく ・「どこで待とうかなあ」とT1に尋ねる ・「どこに並ぶんですか。廊下かな」	・「○ちゃん、着替えたらそっちに行きますね。待っててくださいね」 ・子どもの着替えを片づける ・「まだ着替えているのに…」とつぶやくが、伝わらないので、別の言い方をする 「着替えたので、今から並びますね」
「廊下に並んでね」 （と並ぶ場所に立つ） 「T2さん子どもたちをお願いします」 人数を数える 「10人、帽子をかぶったね。T3さん帽子をありがとう」 「10時になったので出発するよ」	・「廊下に並ぼう、ね」 ・「○ちゃん、ここにいらっしゃい」 ・「帽子をかぶってね」 ・「帽子をありがとう」 「楽しみだね。がんばって歩きましょう」	「お待たせしました。ありがとう」（子どもの代わりに） ・子どもたちの帽子をもってくる 「○ちゃんは私と手をつないでいきましょうか？最後がいいですね」

❷ 保護者とのコミュニケーション

　保護者とのコミュニケーションの基本は一緒に子育てしているこ
との気持ちの共有です。子どもの言葉や表情を伝え合い、子どもの
成長をともに喜び合う存在として、園や保育者は保護者の大きな支
えになっています。顔を合わせたときにひとこと話しかけるなど、
積極的なコミュニケーションが信頼関係を育てます。

　若い保育者からすると、社会人として先輩にあたる保護者とは話

しにくいと思うことがあるかもしれません。しかし、お互いに働く社会人として、苦労や生きがいなどをもって働いている存在として尊敬し合えば、「いってらっしゃい」「お疲れ様」のあいさつにも、気持ちのこもったコミュニケーションが生まれます。

また、子どもが一日安心して園で生活し、楽しく遊んでいた様子をていねいに誠実に伝えます。保護者は子どもが園全体で見守られていて、保育者が子どもをかわいがってくれていると感じます。「歩いた」「ママの顔を描いた」など小さなことでも、子どものほほえましいエピソードとして共有しましょう。

連絡帳は大事なツールです。だた、書いたものは残りますから、言葉や表現には配慮が必要です。時には「かんだ」「けがをした」などの事件も伝えなくてはならないこともあります。起こった事実はていねいに伝えます。伝える内容は園長や主任と相談します。ただ謝罪するだけでなく、どのようにしたら、転倒やけがが防げたのか、これから改善していく点も伝えることが大切です。

❸ 適切なコミュニケーション

自分の対人的なふるまい方の特性を認識しましょう。人との距離のとり方はどうか、言葉のかけ方が唐突ではないか、声の調子や大きさはどうか、話を最後まで受け止めながら聞いているか、などです。自分では十分にコミュニケーションがとれているつもりでも、とれていない場合もあります。ほかの人の意見を率直に聞きましょう。

日常生活のなかで、コミュニケーション場面を分析すると、コミュニケーションの方法・手段は、言葉によるコミュニケーションが３割、その他のコミュニケーションが７割といわれています。表情や身振り手振り、声の調子、姿勢、視線なども、お互いを知るための大事な要素です。表情や視線、体の向きなどは、意識すれば、すぐに直していけます。あいさつや感謝、礼、敬語、拍手など、自然に出てくるといいですね。

前述したように、仕事場での過度の親密さや仲よし感はその園の職員全体の関係を乱すかもしれません。仕事を一緒にする仲間として尊重し合い、お互いを認めていく関係のなかで、よりよいコミュニケーションがとれるようになります。また、保護者との距離感では親しさとなれなれしさを勘違いしないように注意しましょう。

第 2 章

個別的保育力

ここでは、保育現場で役立つ具体的な知識を身につけます。保育をするうえで役立つ活動の方法や、保育現場で生じがちな課題の解決方法について学ぶことを通じて、安心して保育できる力を養いましょう。

第1節　子どもの発達に応じた玩具

（1）保育現場の玩具

子どもはおもちゃが大好きだよね

保育者は、専門的な視点からおもちゃを用意して、子どもに提供しているのよ

❶ 玩具とは

　「玩具」は、子どもにとって身近で"あって当たり前"の存在でしょう。玩具とは遊具（遊びに使う道具）のなかでも特に手でもって遊ぶ道具を指し、「おもちゃ」ともいいます。保育現場では、玩具にはどのような意味があるでしょうか。

　フレーベル[1]は、子どもが"自己活動として遊ぶ"ことを重視しました。これは、子どもは遊びをとおして熱心に学習することが大切であるという考えで、フレーベルはその媒体として恩物（ドイツ語でGabe[2]）という教育遊具を考案しました。保育の現場でも、子どもが自発的に遊ぶことや、遊びをとおした多様な育ちが大切にされています。玩具はそのための大切な道具であるため、ただ玩具を用意するのではなく、育ちの方向（ねらい）や発達段階にそって用意することが必要です。ほかの場面で目にする玩具と比較すると、たとえば家庭には子どもが好きな玩具、親の好みによって選ばれた玩具などがあります。また、店舗のキッズコーナーには、大人の邪魔をしないための玩具が用意されていることもよくあります。保育現場の玩具は、先に述べたように子どもの発達を主体として用意されることが求められます。子どもは自然とその玩具で熱中して遊び、遊び方を変化させて楽しみます。

★1：フレーベル（Friedrich Wilhelm August Fröbel　1782 ～ 1852）ドイツの教育学者。
★2：フレーベルが考案した幼児用の教育遊具の総称。球・円筒・立方体・板・ひも・棒などから成り、表現力や想像力を養うのに有効である。

図表 2－1　遊びの 5 つの種類

遊びの種類	遊びの内容・玩具の例
①機能遊び	体の感覚や運動機能を使った遊び ・見る、聞く、触るなどの感じる力が育つ　・体をコントロールする力が育つ
②想像遊び	身近な人を行動モデルとして、しぐさや行動をまねし再現する遊び ・「見てまねる」力が育つ　・頭の中のイメージを表現する力が育つ
③受容遊び	お話や絵本、紙芝居、人形劇を見たり聞いたりする遊び ・じっと聞いたり見たりする力が育つ　・想像力や共感性が育つ
④構成遊び	積み木・粘土・ブロック・砂・段ボールなどを使った遊び ・工夫してつくる力が育つ　・協力する力が育つ
⑤知育遊び	遊びとして楽しみながら子どもの知的発達を促すことに役立つ遊び ・文字や数字に関する力が育つ　・認知（記憶や推察、判断など）に関する力が育つ

❷ 子どもの遊びと玩具

　子どもは玩具を使って遊びます。遊びにはさまざまな機能があり、玩具はそれらの機能を発達させる手段であり、大切な道具ともいえます。ここでは、ビューラー (Buhler)[3] の 4 つの分類に「知育遊び」を加えた 5 つの遊びの種類を紹介します（図表 2－1）。

　保育現場では、これらの機能に適した玩具を用意することが求められますが、子どもの発達に合わせて玩具を変えて配置することが必要です。また、子どもの発達や遊ぶ玩具によって、遊び相手や保育者の関わり方も必然的に変わります。玩具はただ子どもの傍らにあればよいのではなく、手にもつように差し出したり模倣しやすいように保育者が玩具で遊んでみせたり、子ども同士で遊ぶ姿を見守ったりするなど、状況によって関わり方も変化するものです（巻末資料「保育室に置きたい 100 の玩具」参照）。

❸ 玩具遊びで育つ力

　子どもは、玩具を使って遊ぶことにより次のような力が育ちます。
・手先の操作やバランス感覚などの身体感覚機能
・イメージしたり役割を再現したりする力
・遊び方を工夫し創造する力
・他者とのコミュニケーションをとる力
・ルールを守り協調する力

　これらのなかには、玩具を使わずに育つ力もありますが、玩具という道具を活用することで一層育ちが活性化されます。ただし、子どもの発達に見合った玩具が活用されることが大前提となります。

★ 3 ：ビューラー（Karl Bühler　1879 ～ 1963）ドイツの心理学者。

（2）玩具環境と保育者の役割

保育者は、おもちゃを用意するだけじゃないんだね

保育者は、おもちゃを子どもの発達に合わせて使って保育しているのよ

❶ ＜玩具・子ども・保育者＞の関係

　玩具は子どもの育ちを活性化させる重要なアイテムですが、そこに「ある」だけではその意味がほぼ失われてしまいます。特に保育現場では、毎日の保育活動に「ねらい」があります。この玩具で何が育まれるだろうか、この月齢の子どもたちにはどの玩具を用意しようかなどなど、まず保育者が「ねらい」にそって玩具を整えます。そして、必要に応じて保育者が見本を示したり遊び相手になったりすることで、遊び方の基礎を伝えます。子どもたちは、はじめは受動的な遊びが多いものの、しだいにみずから遊びに熱中したり、遊び方を工夫したりしていくものです。この遊びの様子のなかには、当初＜玩具・子ども・保育者＞の三項関係があります。玩具を媒介に、保育者と子どもの愛着関係が形成され、保育者への基本的信頼感が育まれます。子どもが玩具を使って一人遊びに集中できるのは、保育者との愛着関係が形成され、安心してその場にいることが可能だからなのです（図表2－2上）。

　年齢があがるにつれて、保育者は子どもや玩具から距離を置くようになり、玩具は子ども同士をつなげる役割を果たすようになります。この場合の三項関係は＜玩具・子ども・子ども＞の三者であり、保育者はそれを客観的に見守る立場になります（図表2－2下）。子ども同士の関係性を深める手段やコ

図表2－2　玩具・子ども・保育者の関係

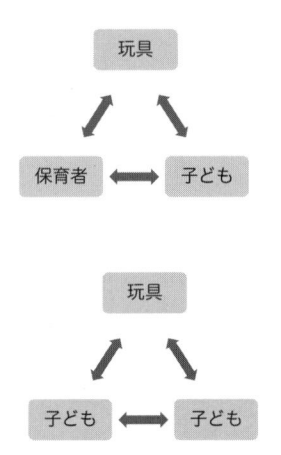

ミュニケーションの手段としても玩具は有効なアイテムということができます。

　保育者は、保育者自身と玩具との距離や、保育者と子どもの距離に合わせた玩具の用意を心がける必要があります。

❷ 玩具環境

　保育室の中には、いったいどれくらいの玩具が必要でしょうか。種類、量、質はもちろんですが、保育室のどこに設置するべきか、季節によってどのように変えていくか、常に配慮する必要があります。子どもはそこに「ある」玩具で自由に遊ぶことはできますが、「ある」準備をするのはあくまでも保育者です。保育者は、クラスの子どもの発達に適した玩具環境を整えることが求められ、そのためには、子どもの"今"の発達段階を的確に把握することが大切です。そして、"その少し先"の発達段階を見極めましょう。"今"に適した玩具と"少し先"に適した玩具を準備することで、遊び方にも関わり方にも幅が生まれ、玩具遊びを深められることでしょう。

　また、保育者の関わり方しだいで、玩具の機能は複雑になります。前述した遊びの機能は一つの遊びのなかにも複雑に含まれます。玩具はその複雑さを引き出し、関わり方をも多様にします。保育者自身も玩具環境の一部となり、玩具を使った遊びを一層深めてほしいものです。

【事例１】「ブロック遊び①」（３歳児２名）

　室内遊びの時間、Ｋくんは４人用テーブルで一人で集中してブロック遊び（図表２－３参照）を楽しんでいる。Ｋくんは保育者と目が合うと、「先生これとって！」とかたくはまっているブロックを差し出す。「はずすの？」と聞くと「かたくてとれないからとって！」と訴える。「ほんとだ！かたいね、とりづらいね」と話しながら、はずしてバラバラにしたものをＫくんに渡す。

　少しの時間様子を見たあと「何つくっているの？」と聞くと、Ｋくんは「おうち！」と答える。その後、保育者が「先生も自分のおうちつくろう！」と言い、Ｋくんと保育者の並行遊びが始まる。Ｋくんは保育者

図表２－３　ブロック遊び

に「隣のおうちつくって！」と要望するが、保育者は「わかった！でも先生つくり方わからないからKくんのおうち見ながらでもいい？」と語りかける。

Kくんと保育者で会話をしながらブロックでおうちをつくっていると、Sちゃんが「何しているの？　何つくってるの？」と会話に入ってくる。保育者が説明すると「わたしもつくりたい！」と言い、おうちをつくり始める。Kくんは、ある程度完成させたからか、少し飽きてきた様子がみられたので、保育者が「道路もつくろうか」と声をかけると、KくんもSちゃんも「うん！　つくっちゃおう！」と賛同する。その後、3人でブロックの大きな町を完成させた。

最初、Kくんは自分で操作しイメージしながら自由に形をつくり上げる遊びに一人で集中しています。保育者は、遊びを見守ったり手伝ったりしながら、Kくんが一人で遊び込む時間を大切にしていますが、次のステップとして保育者も遊びを隣で一緒に楽しむことを提案しています。

子どもの対人環境を広げようとする関わり方でもあり、それをきっかけにほかの子どもも加わりやすい状況を生み出しました。最終的には、会話も遊びの内容も協働の活動へと発展し、3人で"町"をつくり上げ、達成感を味わうことができる時間となりました。

【事例2】「ブロック遊び②」（3〜5歳児6名）

特別なパーツが含まれているブロックが、幼児クラスでは最近人気がある。3〜5歳児クラスが自由遊びをする午後の合同時間に、5歳児のAくんが「今日何して遊ぼうか？」と近くにいた同じクラスの子どもたちに声をかけると、Bくんが「乗り物つくりたい！」、Cくんが「テレビにでてくるみたいなコマがいいな〜」など、次々にブロックでつくりたいものの名前があがった。

近くにいた4歳児のDちゃん、Eちゃんも「ままごと遊びでお家や食べ物やジュースなんかつくりたいけど皆はどっちがいい？」と話しながら、グループになって話し合っている。5歳児のFちゃんが「最初に自分のつくりたいものをつくって、見せ合おうよ！」と言うと、皆で「いいよ〜」と声をそろえてそれぞれにつくり出す。Dちゃんが、「Cくんのつくったコマ上手だよ。みんな見て！」と言う。「ほんとだ！」とBくんがそれを見て「つくり方教えて？」と言うと、Cくんは、照れながらもうれしそう

に「いいよ」と一緒にコマをつくり遊びだす。

　まわりにいた4〜5歳児のほとんどの子どもたちがコマをつくり始めたためか、Aくんが「ベイブレードコマで戦う大会をやろうよ！」と皆に声をかけた。「オッケー、楽しそうだね。3歳児クラスも入ってみんなでやろう！」、「大会の会場づくりや大勢でやるから食べ物もつくろうよ。車や電車で会場に行くから乗り物もつくろうか！」と大盛り上がりになった。Aくんが「先生、見て。皆でつくったからすごいのができたよ」と保育者に語りかけてきたので、保育者も「今日は、みんなで楽しくできていたし、みんなで話し合ってすごいのをつくったね！」と一緒にその成果を楽しんだ。

　ブロックは創造力や表現力が高まります。集中して一人遊びもできるし、他児も参加した「ごっこ遊び」へと自然に発展することもあります。保育者が声をかけなくても、お互いのやっていることを見たりまねをしたりしながら刺激を与え合い、「自分も」「一緒に」という気持ちをもつことで、自我の育ちや他者との気持ちの共有など、機能面だけでなく社会性の育ちの機会にもなります。

　保育者は見守る支援も大切にし、子ども一人ひとりの意欲や発想・工夫を認めましょう。また、保育者には、子ども同士の関わりを大切にしながらも、遊びが楽しめるように声かけをしたり、受容の態度や、適切な援助などの配慮をするタイミングをつかむことが求められます。このエピソードからも、保育者が子ども同士のやりとりや経緯を把握し、子どもの主体性のある言動を見守っていたからこそ、子どもたちの楽しい気持ちに共感できたことがわかります。

【事例3】「ポットン落とし①」（1歳5か月児1名）

　入園してまもないA君は、登園時、母親と離れる際に涙を見せることが多い。保育者が抱き、一緒に「いってらっしゃい」と母を見送るが、姿を追って涙を見せている。母親の姿が見えなくなると、保育者はAくんに「これやってみる？」と角形の調味料入れをプラスチックの食品保存容器に落とすポットン落としを見せる。しかし、Aくんの涙は止まらず保育者にしがみついている。保育者がAくんをひざに座らせ、ポットン落とし（図表2−4参照）をやってみせていると、しだいにAくんの視線がそれにむくようになる。

　保育者が、しばらく繰り返しやってみせていると、泣きやん

図表2-4　ポットン落とし

だAくんがポットン落としに手を伸ばした。保育者が1つ渡してみると、手にとってまねして穴に落とそうとし始める。はじめはうまく穴にはまらないので、1つ目は保育者が少し手を添えて、まっすぐ落ちるように援助する。うまくできることがわかると、続けてすぐに2つ目もやろうとする。うまく枠にはまらないと、今度はAくんのほうから保育者の手をもって手伝ってほしいことをアピールしてくる。再び手を添えて援助すると今度は落ちたので、表情がほぐれうれしそうになった。

　この時点で、母親のことから気持ちが離れ、遊びに夢中になってきている様子がうかがえたが、しばらく保育者が寄り添いポットン落としを繰り返し行うと満足したようで、みずから保育者から離れほかの玩具を探し始めた。

　1歳児クラスでは入園当初の環境として、比較的操作やしくみが簡単な玩具を準備してある現場が多くみられます。そこには、子どもが「できた」という満足感が得られるような経験をすることで、少しでも"園は楽しいことができる場所""安心できる空間"と感じてほしいという保育者の願いが込められています。Aくんもそのような玩具があったことで、みずから楽しいもので遊びたいという感情が芽生え、母親から離れたさびしさから気持ちを切り替えることができた様子がうかがえます。

　保育者はただそばについたり抱っこをしてあやすだけではなく、その子がどのようなものに興味を示すかを予測したり、子どもの様子を見ながら環境を設定し、遊び込めるような援助をすることが大切です。玩具はそのときに活躍する大切なアイテムとなり得ます。

【事例4】「ポットン落とし②」（1歳児1名、3歳児1名）

　1歳児のIくんがミルク缶でできたポットン落としを見つめているので、保育者が目の前に出してみる。最初はじっと見つめていたIくんだが、そのうち穴の中をのぞいてみたり、指を入れてみたり、振って音をだしたり、転がしては追いかけたりと"実験"しているようだ。

　次に、保育者がミルク缶の中に入っていたペットボトルの蓋を全部取り出すと、それをかじったり投げたり、空のミルク缶の中をのぞいたりと興味を示している。その後、保育者が「ポットン」と言いながら、ミルク缶の穴からペットボトルの蓋をゆっくりと落としてみせる。蓋の半分くらいを穴に入れ、「トントントン」と言いながら落ちる様子を見せる。さらにIくんの手を添えて一緒に"トントン"と指で押し、落ちたら「ポットン落ちたね！音が聞こえたね。楽しいね」などと語りかける。すると、Iくんは"自分でやりたい！"という気持ちからか、みずからペットボトルの蓋をもち、穴に入れ、グイグイと押し入れた。成功すると満足げでうれしそうな表情になり3個、4個とチャレンジする。全部入れ終わると「もう1回！」とミルク缶の蓋を開けようとするが開けられず、保育者に「開けて」と訴え繰り返し、集中して長時間楽しんでいた。

　後日の合同保育のとき、3歳のRちゃんがポットン落としで遊び始めていた。そのうち、Rちゃんは「ほかのものを落としてみよう」とおままごと用のチェーンを、ねらいを定めながら慎重に穴に入れ始める。その姿に興味を示したIくんは、チェーンをつかみ、Rちゃんの使っていたミルク缶の穴にチェーンを入れようとした。Rちゃんは動きを止め、優しくIくんを見守る。しかしIくんはスムーズに操作できないため、もどかしく感じたのかRちゃんはお姉さんぶりを発揮し「さきっちょから入れるんだよ〜」などと言いながら、Iくんにコツを伝えている。Iくんは、Rちゃんの声かけを聞いたりしぐさをまねしたりして、うまくできないながらもチャレンジしていた。

　1歳児らしく、見たり触れたり音を聞いたりして、感覚遊びを楽しんでいたIくんも、保育者の関わりによって遊び方を理解し始めました。はじめはたどたどしい動きでしたが、しだいにコツがわかり、集中して「ポットンと落ちるまでの経緯」を楽しみ、手先を使って機能遊びに没頭することができました。

　また、別の日にRちゃんがアレンジした「ポットン落とし」を見て、「自分も同じようにやってみたい！」とチャレンジする気持ちになりました。日を隔てても遊びは継続していて、少し年上の子どもと関わることで遊び方や関わりが広がることがわかります。

（3）子どもの育ちと手づくり玩具

保育現場には、手づくりおもちゃもあるんだね

保育者が、一人ひとりの子どもに合わせておもちゃをつくることもあるのよ

❶ 保育現場での玩具

　保育の現場では月齢や年齢による発達の違いはもちろんのこと、個々の発達も踏まえて玩具を提供しています。

　一人ひとりが今、何に興味をもっているのか、また保育者は子どもがどのように育ってほしいと願っているのかという目的を踏まえ玩具をそろえていきます。

　個々の成長はさまざまなのでそれに応じて玩具も変わり、また保育者の働きかけ方も変えていくことが大切です。子どもたちは、玩具で夢中になって遊び、感情、身体機能、思考などの面でさまざまな成長を遂げていきます。その過程で感情の動きに共感したり、身体機能が自然と発達していく場面に立ち会ったりすることは保育者にとっても幸せな時間といえるでしょう。

　保育現場で、子どもたちの成長や発達を見守るなかで、子どもにとって玩具とは生きる力を育てる根源であると感じています。主体は人である子どもですが、玩具によって体のいろいろな部位を使い、道具を操ることを覚えます。そして年齢の発達にともない、玩具をとおして発見や創造も生まれます。また、友だちと一緒に想像力を働かせて創造したり、想像し創造していくことにつながって、やがては玩具遊びを通じて得意な分野を仕事に生かすことも、将来、仲間と協力して事業を成すことにも結び付いていくことでしょう。

　子どもたちの将来を考えるとき、今私たちができる最善のことを子どもたちに受け取ってほしいという願いを込めて、玩具をとおして日々の保育にむき合っています。

　保育現場では既成の玩具も用意しますが、子どもの発達に合わせて手づくり玩具をつくることもあります。つくる玩具の用途や意味

を考えたり、質感や感触を大切に素材を選んだり、数や大きさについて話したりして、園独自の玩具を作成しています。玩具を手づくりするなかで、保育者間の学びや保護者への説明を通じて、園の保育観を伝える機会にもなっています。

1．手づくり玩具の利点

　年齢や月齢の目安も考えつつ、年齢にとらわれず対象となる子どもに適した玩具を生み出すことができるところが手づくり玩具の利点です。

　個々の機能の発達段階や、興味の種類や幅に応じた玩具で遊ぶことをとおして、玩具を使う遊びに夢中になり、さまざまな発達に結び付いていきます。そのためには子どもの目線や表情、手の使い方、指先の使い方、体の使い方をよく観察する必要があります。一人ひとりの観察をして個々のちょっとした発達の違いにも、ピンポイントで提供したいものをつくることができます。そして、同じ手づくり玩具でも、パーツを変えたり、色を変えたりして変化をもたせることで、さまざまな発達段階に適応していくことが可能です。また、遊びが発展していくと、ルールを自分でつくり出し、自分で遊び方を考えることができるようになってきます。子どもたちの想像力、発想力を育む場面では静かに見守っていきましょう。

2．手づくり玩具の強み

　もし壊れてしまっても、壊れてしまった理由を考え、理由にそった改善がすぐにできることが手づくり玩具の強みです。大切なのは子どもたちが壊してしまった経緯と理由です。子どもの発達に即した視点で考えると、遊び方が難しかったり、思うように遊べなくて壊してしまったり、うまくいったところを見てもらいたくて力ずくでやってしまって壊れたり……ということも考えられます。また「そんなふうに遊ぶの?」とこちらの予想に反した遊び方をすることもあります。それは子どもたちが考えて遊んでいるという大切な過程でもありますが、保育者が観察することで発達についての着眼点をもつこともできます。そしてじっくりと観察すれば玩具を壊す場面を防ぐこともできます。

　手づくりしたものは自分でつくっているので直し方もすぐにわかるので、壊れたらすぐに直しましょう。直すことに追われてしまうと、手づくりをしたくなくなるのでつくるときに複雑にならないように工夫し、パーツなどは多めに用意しておくとよいでしょう。

また、観察する際に自分でつくった手づくりの玩具だと思い入れも強く、自然によく観察するという利点もあります。どうやって、どのように遊んでいるかが気になって、つい子どもの遊びを観察してしまいます。そこでの気づきがまさにその子の「発達」への気づきということになります。

❷ リスクと安全管理

　子どもの発達に合わせて、時には指先を使う細かな玩具も提供します。万が一の危険性も考慮したうえで、材料を吟味する工夫が必要です。

　子どもたちの遊び方や傾向を観察して、危険性がない安全性の高い玩具を考えてつくることも可能ですし、見守り方や配慮の仕方で安全性を高めることもできます。子どもたちをよく観察して保育者が場所や時間、活動内容や、場面など安全管理をしながら提供していくことが大切です。小さなうちから、目的に合った扱い方や安全な使い方を学ぶと、危険な行動はなくなっていきます。

　そのためには、扱い方の見本を正確に見せ、その子に合った玩具を提供していくことが大切です。そして玩具の破損はないかや、数は合っているかなど、常日頃の確認と危機意識が安全性を高めていきます。

❸ 保育者の連携

　どのような玩具をつくっていくか、どの場所に置くか、どのような使い方をしていくかなど、クラス内で話し合い共通理解をしていくことが大切です。個々の子どもの姿を思い浮かべながら、玩具について保育者同士が話していくことは、楽しいことですし、保育技術を継承していく場にもなります。

　クラス内で共通理解をしたあとは、ほかのクラスとの交流や合同保育などのときも意義のある使い方ができるようにきちんと伝達をしましょう。保育者同士が手づくり玩具をつくった目的を共有して、理解した上で玩具を扱うと、子どもたちの集中力も増し、玩具を使うときの一連の流れも理解するようになっていきます。

　そして、保育者全員が数や片づける場所などを把握しておくことで安全性も高まります。何よりも子どもの興味が深まりますし、意欲が高まり挑戦する気持ちにもなってきます。そして子どもたちが

今まで遊んでいた玩具で遊ばなくなってきたときは、その段階が達成されたのかもしれませんし、新たなステップアップが必要なときかもしれません。そのような変化も保育者同士で話し合い、次にどのような玩具を提供していくか、新たな目標や計画を立てていくと保育の質も高まっていきます。そして子どもたちが夢中になり、遊びを達成したときの笑顔を見ると保育者も玩具をつくってよかったという実感や、この仕事に携わる充実感も味わえます。保育者のアイデアしだいで玩具は無限に広がっていきます。保育者同士の連携をとりながら玩具づくりに挑戦していきましょう。

❹ 手作り玩具の事例

【事例１】 ドーナツ入れて

図表２－５

年齢：１歳児

玩具：フェルトでつくったドーナツに見立てたものを棒に通していく（図表２－5）。

ねらい：指先を使って、通すことを楽しむ。子どもたちの力加減に合った調節が穴の大きさや綿の量の加減によってできる。

　１歳児くらいになるとものを落としたり、入れたりすることに夢中になります。１歳児の頃はまだお友だちと関わって遊ぶことは難しいので、個々で集中したいときは個別のスペースをつくり、安心して遊びに没頭できる環境を用意しておくとよいでしょう。棒に通すという経験を積んでいくと、やがてはひもにものを通したり、ボタンホールに通したりという興味にもつなげていくことができます。

　手づくり玩具のよさは次の発達の過程を頭に置いて、そのための準備を保育者自身ができ、めざすところにむかって玩具がつくれるところです。ある場面では子どもたちが試行錯誤して、じっくりと時間をかけている場面もあります。大人は「こうすればすぐできるのに……」とつい助けてしまいがちですが、保育者が待つことで子どもたちには試しながら考える力が育っていくので、我慢して待ちましょう。どうしても難しくてできずにやめてしまいそうなタイミ

図表2－6

図表2－7

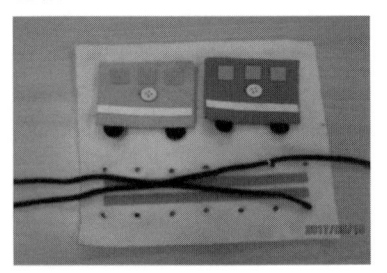

ングを見計らって、少し援助をしてあげるとよいでしょう。

　【事例2】　ボタン・ひも結び・スナップどめ

　年齢：3歳児

　玩具：結んでとめてはめてみよう！

　ねらい：衣類のボタンをとめる、靴ひもやエプロンのひもを結ぶなど生活に必要な機能の発達をめざす（図表2－6）。

　手づくり玩具で0歳の頃から遊び込み、積み重ねた経験をもつ子どもたちは、指先の発達が段階を追ってできているので、より細かな動作を自分からしたいと思うようになります。

　3歳頃になったら1歳の頃とは違い、ボタンホールも少しかたくしたり、ボタンも小さいものへと変えていきます。子どもたちの発達段階に合わせて、大きさを変えていけることなど柔軟に対応できる点が手づくりのよさといえます。

　玩具で遊ぶ経験を積むと実際の衣類でも容易にでき、成功体験へも結び付いていきます。また、1つの玩具を使って何種類かの遊びの経験ができるように考え、つくることができるのも手づくり玩具のよさであり、子どもたちの経験もより充実したものになっていくことでしょう。

　それぞれの保育者のねらいや願いが細部にわたってちりばめられるところもつくっていてやりがいがもてます。

　【事例3】　ボタン・ひも通し

　年齢：3～4歳

　玩具：線路を作ろう！

　ねらい：子どもたちが興味を持ちやすい電車や線路の中に、ひもを通したり、ボタンの付け外しの経験をする（図表2－7）。

　子どもたちは自分たちが好きなもの、興味をもっているものに意欲をもち、進んで遊ぼうとします。保育士が子どもたちの発達や時

期に合わせた興味や関心を読み取り、玩具に反映させていくことで、子どもたちの成長がぐっと高まり、子どもたちが興味をもっていることやものと、保育士がめざすねらいが合うと、多方向からの成長が期待できます。

　手づくり玩具は工夫ができるよさがあり、この玩具でもボタンホールを意図的に横にすることで、通す経験から自然にとめる経験ができるようになっています。また、通す穴の大きさや個数、ひもの長さや太さ、材質なども子どもたちの手の大きさや指使いに合わせて選ぶことができます。この玩具ではフェルト素材を使っていますので、柔らかい素材がボタンもひもも通しやすく、生活の中でひもやボタンをとめるときにも連動しやすくなっています。

　遊んでいるときもひもを引っ張る力の加減や、全体のひもを調整するなど、試行錯誤することで思考力が育ちます。子どもたちは遊びながら考え、工夫し、最後までやり遂げることから達成感と挑戦意欲にもつながっていきます。

（1）０・１・２歳児の保育

０・１・２歳の子どもって、どんな風に生活しているのかな

体の育ちも健康も大切だけど、心の育ちも大事なのよ

❶０歳児の保育（乳児期前半）

　乳児期前半の赤ちゃんは見飽きることがありません。小さければ小さいほど、短期間に驚くような変化を遂げていきます。

　誕生からおおむね６〜７か月頃までの乳児期前半は、基本的には寝た姿勢を中心に過ごします。

　生後１か月くらいまでの新生児期は文字通り、ほぼ一日中寝て過ごします。機嫌よく目覚めている時間はわずかですが、「アーアー」と声を出し、手足を動かします。まだ自分の意思で動かしているわけではなく、原始反射による制約を受ける不自由な動きです。首もすわっていないので、あおむけに寝ているときはどちらか片方をむいていることが多い[1]のですが（図表２−８）、起きているときに赤ちゃんの視線の方向の胸上30cmくらいのところに顔を出すと、「みつけた！」いうように目が輝きます。少しその視線からはずれてしまうと、追視はできません。

　この時期は聴覚が優位なので、ガラガラなどで音を立てながらあ

図表２−８

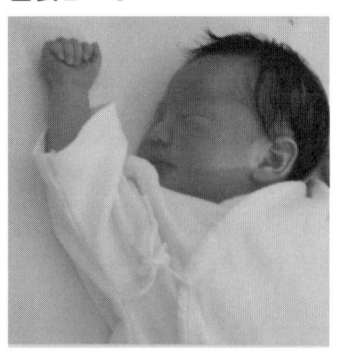

０か月　寝ている姿勢

図表２−９[2]

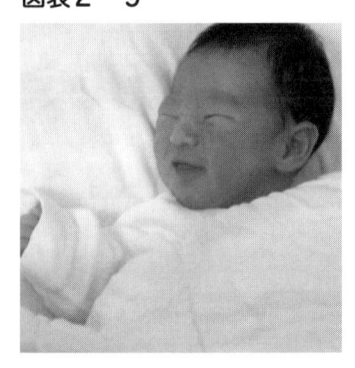

０か月　生理的微笑

★１：非対称性緊張性頸反射（ATNR）。フェンシングポーズのように顔が向いているほうの手足が伸び、反対側の手足が曲がる反射。

★２：『応用心理学事典』（日本応用心理学会編、丸善、2007年、P.81）

やすとそれを見るよりもじっと音を聞いています。見る力を確かめ
たいときは、音を立てず静かに視線の方向に顔やものを示します。

　気持ちよくまどろみかけたときなどに一瞬、ニヤッと笑うような
表情をすることがあります。これは生理的微笑[3]と呼ばれていま
す（図表２－９）。

　１か月を過ぎてくると、少しずつ夜間に寝る時間が長くなり、数
時間まとめて寝てくれるようになります。昼間の生活リズムも、お
よそ２～３時間おきに目覚めるパターンに安定してきて、昼間の起
きている時間も少しずつ長くなります。

　保育所入所は最年少で産休明けの生後２か月児からになります。
生活環境が大きく変わり、それまで完全母乳だった子は哺乳瓶に慣
れる必要があったり、はじめての集団生活で感染症をもらったりし
ます。保護者にとっても、職場復帰に加えてはじめての保育所体験
という緊張もあるうえに、まだ夜中もぐっすりは寝かせてもらえな
い時期です。子どもにも保護者にも無理のないよう、保育時間を設

図表２－10[2]

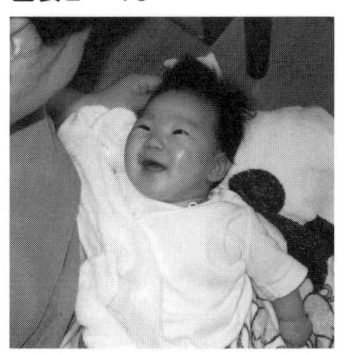

２か月　普遍的微笑

図表２－11[2]

５か月　社会的微笑

図表２－12

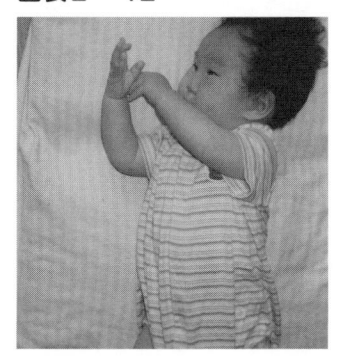

３か月　指が動くことに気づ
いた

図表２－13

６か月　友だちになでなで

---

[3]：新生児微笑、自発的微笑、エンジェルスマイルともよばれる。

定できるといいでしょう。

　この頃、まだ首はすわらないまでもあおむけで正面をむいていることが増え、起きているときに目を合わせると、突然にっこり相手を見て笑い始めます。普遍的微笑★4ともよばれ、実は最初は誰を見ても、人形や写真を見ても笑うのですが、自分を見て笑ってくれるとうれしいものです（図表2-10）。徐々に知っている人とそうでない人を見分け、5か月頃には親しい人に自分から笑いかける社会的微笑★5に変わります（図表2-11）。

　乳幼児突然死症候群（SIDS★6）を予防するため、睡眠時のうつぶせ寝は避けますが、この時期は視覚と聴覚、触覚が連携を始める時期です。音がするほうを見る、見たものに手を伸ばす、床面との接触によって自分の体の動かし方を知り（図表2-12）、抱かれることによって重力に逆らってバランスをとることなどを学びます。注意は必要ですが、柔らかいふとんやマットの上に寝かせきりでなく、目覚めているときにはしっかりと体を支えられる床面であおむけやうつぶせ、支えねがえりなどさまざまな姿勢をとってみましょう。おもちゃに「なんだろう」と手を伸ばしたり、ふと顔を上げるとほかの子どもの姿が見え、目で追うことができるような、豊かな保育環境を用意しましょう（図表2-13）。

❷0歳児の保育（乳児期後半）

　乳児期後半になり、ねがえり、はいはい、つかまり立ち、つたい歩きなど位置の移動ができるようになると、子どもは自分で保育室のあちこちに探検にでかけ、世界を広げていきます。午前中1回、午後1回の2回寝のリズムが定着し、離乳食も徐々に、さまざまな形態、さまざまな食材にチャレンジしていきます。月齢による変化が大きいのが、この時期の特徴です。

　遊びのなかでは、お座りの姿勢で自由になった両手を使って、おもちゃなどを手で操作する活動が盛んです。7か月頃はまだワンタッチで、両手で口にもっていって確かめる使い方をします。8〜9か月頃になると、もったものを離すことができるようになってポイポイと投げたり（図表2-14）、両手に1つずつもったものを打ち合わせたりすることができるようになります。ひものついたおもちゃや、柄のついた鐘など、2つの異なる部分をその用途に応じて使います。10〜11か月頃になると、ただ投げるだけではなくて相

★4：『赤ちゃんがやってきた──誕生〜6か月まで（赤ちゃんの発達のふしぎ1）』（江頭恵子文、鈴木永子絵、大月書店、2014年）
★5：生後2〜3か月頃の微笑みから社会的微笑と呼ぶこともある。
★6：乳幼児突然死症候群（sudden infant death syndrome）とは、1歳未満のそれまで健康だった子どもが、事故や窒息でない不明の原因によって、睡眠中に突然死亡する病気をいう。

図表２－14

９か月　中身をポイポイ出して
引き出しに入る箱入り娘

図表２－15

11か月　はいはい

図表２－16

９か月　担任にだっこ

図表２－17

９か月　兄姉がやっていることに
「なになになに」と必ず首を突っ込む

手にどうぞ、と渡したり、器の中に入れたり、上に乗せようとしたりする、定位的な調整★7をすることができます。指先もだんだん器用になってきて、指先で小さいものをつまみ、口に入れたり小さい穴に入れたりすることもできます。またこの時期には、はいはいによる探索もみられます（図表２－15）。

　保育のなかでは、転倒や誤飲の危険には十分注意することが必要ですが、だからといって危ないものが何もなければいいわけではありません。五感と体全部を使い、さまざまな感覚を刺激する遊びができるとよいでしょう。

　８～９か月頃には、親しい人との間で愛着形成がすすみ、その人の存在を安全基地として、新しい世界にも探索に行けます（図表２－16）。親しい人がやっていることをじっと見て、模倣をしたりもします（図表２－17）。

　10か月頃になると、この親しい第二者との間で、第三者として

★7：定位とは、ものともの、あるいはものをある場所にくっつけること。10か月頃ではその芽生えがみられ始めるが、渡しきる、積みきる、入れきることが完璧にできるわけではない。１歳を過ぎてくると上手になり、定位活動が盛んになる。

何か別のものを共有するようになります。自分でみつけたものを指差して「あっあっ」と保育者を振り返って教えたり、いないいないばあをして保育者が喜んでくれるともう一度、バッと布を取ってみせたり。この、第二者（相手）との間で第三者（対象）を共有する三項関係の成立が、1歳時以降の言葉によるコミュニケーションの基礎になります。一人でおとなしく遊んでいれば手がかからなくていいわけではなく、この時期にしっかり関わりをもち、人と関わることが楽しい、という経験を積んでもらいたいと思います。

❸ 1歳児の保育

0歳児、1歳児は混合クラスになっていることも多く、移動のできない乳児と、はいはい期の赤ちゃんと歩ける子が混在している場合は、どのように日課と活動場所を組み立てるか、知恵を絞らなければなりません。歩けるようになった子から1歳児クラスに移籍したり、1歳児クラスでも低月齢児グループと、高月齢児グループに分けて活動を行っているところが多いようです。

1歳前半の子どもたちは言葉も数語でてきていますが、まだ保育者の指示を十分理解して動くことはできません。「お散歩に行くよ」と声をかけても好き勝手に動いていて、1人ずつ保育者がピックアップして連れていく必要があります（図表2−18、2−19）。

1歳半を過ぎると、言葉での指示を理解して動ける子が増えると同時に集団としてもまとまりがでてきて、「お散歩に行くぞ、エイエイオー」と声をかけると皆で靴箱に移動したり、「トイレに行くよ」で「ヤダー」と皆で逃げていったり、という姿がみられるようになります。

1歳半頃は、人類の歴史のなかでもサルからヒトへと進化を遂げたキーポイントであり、直立二足歩行の獲得、手で道具を使うこと、言葉によるコミュニケーションがこの時期に獲得される大切な力となります。

10か月頃の模倣の時期でも、大人がやってみせれば鉛筆をもって紙に打ち付けたりはできますが、意図をもって何かかくことはできません。1歳を過ぎ、歩けるようになった子どもは「こうするの！」「（これは）○○ダ！」という明確な意思をもって、歩いたり、絵をかいたり、積み木を積んだり、スプーンを使って食事をしたりします。ちょうどこの時期に、自我が誕生するともいわれます（図表2

－ 20、2 － 21）。

　1歳半頃には、その自我に「○○デハナイ、○○ダ」と、違いを見分ける認識の力がついてきます。はめ板では、丸い穴と四角い穴を見比べて、円板を丸い穴に入れます。「わんわんはどれ？」と聞かれて、絵を見比べて、犬を選んで指差します。「わんわん」じゃない「にゃんにゃん」、「ブーブー」じゃない「バス」と、語彙が爆発的に増えます。おふとんに入るときは頭から突っ込むのではなく、向きを変えて足から入ります。すべり台は頂上で向きを変えて足からすべります（図表2 － 22）。

　思うようにならないことがあると、天をあおぎ地に伏して盛大に泣きますが、ふとした拍子に気持ちがそれてしまい、けろりと泣き

図表2 － 18

1歳2か月　ベランダから

図表2 － 19

1歳4か月　大人のくつをはいて

図表2 － 20

1歳1か月　食べながら寝る

図表2 － 21

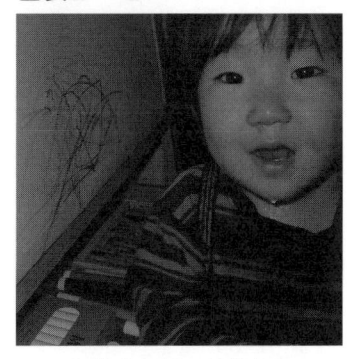

1歳4か月　お絵かき

図表2 － 22

1歳10か月　すべり台

やんで再び遊び始めます（図表2－23）。

　保育のなかでは、絵本や歌の力も借りながら、保育者や友だちと言葉でやりとりをしていく楽しさを一緒に味わいましょう。つたないながらも友だちを意識し、言葉でつながろうとする気持ちを大切にしたいものです。ただし、まだ言葉の力は十分ではないがゆえに、自分の意図が伝わらず、おもわず手がでてしまったり、口がでて（かみついて）しまったりすることもあります。雨天で存分に体を動かしきれず遊び足りなくてイライラしたり、おなかがすいていたり、疲れがたまる時間帯、子どもや大人がざわざわと入り乱れ落ち着かない時間帯に、かみつき[8]やトラブルが起こることが多い[9]ようです。

　活動に十分なスペースがとれるよう、環境を整理し、子どもの動線を確保する、日課を組み立てなおすことなども必要ですが、子どもの思いをしっかり受け止めきれているかどうか、改めて保育を見直し、どうしたらいいか考えましょう。

図表2－23

1歳8か月　泣き

図表2－24

1歳9か月　くつをはく

図表2－25

2歳10か月　私もください！

図表2－26

2歳10か月　発表会　遠足ごっこ

★8：親にとってはじめての子どもや、はじめて集団生活を利用する子どもは、家庭ではあり得ない「かみつき」にショックを受けてしまうことがある。トラブルが起こってからでなく、4月のクラス開所時に、1歳児クラスにあってはならないけれど起こりうることとして、その対応策とともにあらかじめ伝えておくとよい。また、ふだんから子どもたちの様子をしっかり保護者に伝え、信頼関係を築いておくこと。もし起こってしまった場合は保育のなかの責任として誠心誠意謝り、再発防止策を説明できるようにしておくことが必要である。

❹ ２歳児の保育

　靴の着脱、ドアの開け閉め、電気のスイッチ、２歳児は「ジブンデ！」
やりたがります（図表２−24）。一人でできるのかと思っていると
突然「ヤッテ！」と要求、てこでも動かない。ややこしい２歳児さ
んの一丁あがりです。自我が拡大していく時期で、「第１次反抗期」
などといわれますが、言葉でのやりとりがある程度可能になるもの
の、大人の言うことをすべて理解できるわけでも、自分の気持ちを
すべて表現できるわけでもありません。表面の言葉に惑わされず、
「本当は何を求めているのかな？」と考えてみることが大事な時期
になります（図表２−25）。

　集団のなかでは、誰かとイメージを共有することができるように
なる２歳児は、友だちと一緒に何かして、「伝わった！」「楽しい！」
という体験がうれしくてしかたありません。友だちのやっているこ
とをよく見ていて、「○○チャンガ！」「○○クンモ！」と要求します。
絵本やごっこ遊びでは、嬉々として場にふさわしい「セリフ」を使い、
そうすることで語彙も増えていきます（図表２−26）。朝夕のあい
さつや、「入れて」「いいよ」や「かして」「どうぞ」など、生活の
なかで必要とされる場面の言葉も獲得されていきます。

　１歳半の発達の節を超え、幼児期に入ると、名詞だけでない＜大
きい・小さい＞＜赤い・白い＞＜あなた・私＞＜あつい・つめたい＞
など、さまざまな二項対立的な形容詞の概念が理解されていきます。
二語文、三語文と、文章も長くなります。保育者のお手本を見て、
まねして自分も同じことができるようになります。学習能力が非常
に高まるときでもあり、一度やったことは決して忘れません。「こ
うしてから、こうする」「こうしたら、こうなる」という簡単な手
順を理解していきます。それゆえ、「こうするつもりだった」とい
う思いを大人にくじかれてしまうと、大泣きして最初からやり直そ
うとしたりします。

　２歳後半になると、たくさんの経験を積んで、拡大する一方だっ
た自我は充実にむかいます。友だちが泣いているのを見ておもちゃ
を渡してあげたり、「ジュンバン」と言って顔を見合わせてにっこ
り笑ったりします。

　「ミテテ」と幼児の世界に飛び出していく２歳児に、大人が試され、
育てられている気がしてきます。

★９：『「かみつき」をなくすために──保育をどう見直すか』（西川由紀子・射場美恵子、かもがわ出版、2004 年）

（2）３・４・５歳児の保育

3・4・5歳の子どもってどんなことができるようになるの？

体の動き、手の操作、心の動きもめざましいわよ。よく学びましょう。

❶ ３歳児の保育

　３歳のお誕生会は、どの子も何ともいえない「うれし恥ずかし」い表情をします。"もう２歳ではない、大きくなったジブン"を感じられる３歳児は幼児期の青春期ともいわれます（図表２−27）。

　とんだりはねたりのぼったり、ひととおりの体の動きができるようになり、左右の手の役割分担もすすみます。左手で押さえて包丁で切る、両手でそうっと卵を割る（図表２−28）、こぼさないように運ぶ、傘をさしながら歩く、ドアノブを回しながら押して開ける、折り紙の角をそろえて折る、ハサミで紙を切っていく、布とボタンをもち替えながらボタンをはめたり外したりする（図表２−29）、などの手の操作性は、この時期に獲得されていきます。「おしっこが出そう」、「頭が痛い」などの身体感覚の成熟とともに、それを言葉で表現できるようになり、生活のなかで身辺自立がすすみます。

　製作活動でも、砂をお弁当箱に詰めて葉っぱで飾ったり、粘土をのばしてから切って串にさしたり、泥だんごを両手できれいにまん丸

図表２−27

３歳　お誕生会

図表２−28

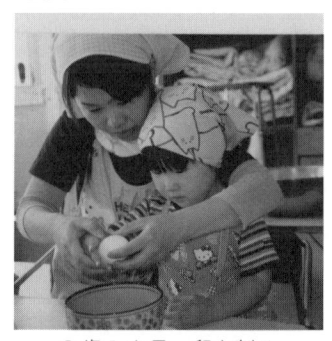

３歳１カ月　卵を割る

に丸めてサラ粉★1をかけて固めたり
など、異なる素材を使って作品を仕
上げていくようになります。

　認識面では3歳から4歳にかけ
て、一度に2つのことに注意をむけ
て1つの操作ができるようになって
きていて、絵をかいて色を塗り分け
たりもします。2歳の後半に丸をき
れいに閉じてかけるようになると、
その中や外に点や丸、棒を加えて

図表2-29

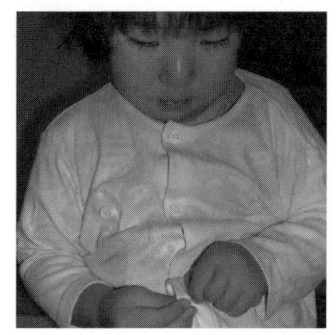

2歳7か月　ボタン

図表2-30

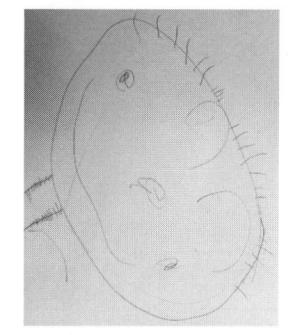

3歳10か月　お絵かき

「頭足人（とうそくじん）」をかくようになります（図表2-30）。

　簡単な会話が成立し始め、「今日何して遊んだの？」「ジャングル
ジム、のぼった」などと、今ここにない場面を思い描いて言葉で答
えることができるようになるのです。姓と名前、年齢、性別、園名、
クラス名などが言えるようになり、所属がわかります。散歩のとき
にもクラスの友だちと手をつないで歩けるようになります。

　保育のなかではごっこ遊びが盛んになってくるでしょう。家庭で
経験したことが園で表現され、園で経験したことが家庭で表現され
るので、互いにどんな生活をしているか筒抜けです。3歳児は「ナ
イショ」や「ヒミツ」が大好きですが、絶対に守れません。嘘がつ
けない人たちです。

　生活のなかではルールやマナーを学んでいく時期でもあります。
「ごめんね」「ありがとう」、外から帰ってきたらうがい・手洗い、食
べ終わったら片づける、など、まだ完璧に守ることは難しいですが、
毎日楽しく生活していくために大事なことは伝えていきましょう。

❷ 4歳児の保育

　3歳後半から4歳に近づいてくると、園での経験も積み、「こ
ういうときは、こうする」ということがひととおりわかってい
ます。ケンケンやジャングルジム、ブランコなど、自分の体を
コントロールすることができ、二項対立的な2次元の認識も理
解がすすみます（図表2-31、2-32）。＜大・小＞＜赤・白＞
などの目で見てわかるものだけでなく、＜男・女＞＜上・下＞
＜よい・悪い＞＜きれい・汚い＞＜おいしい・まずい＞＜かっこいい・
かっこ悪い＞など、文化的な評価の基準、価値の基準も理解できるよ

★1：ふるいにかけたサラサラの砂のこと。泥だんごの仕上げに使う。『光れ！　泥だんご――普通の土でのつくりかた』（加
　　用文男、講談社、2001年）

図表2−31

4歳2か月　ジャングルジム

図表2−32

4歳7か月　ブランコ

図表2−33

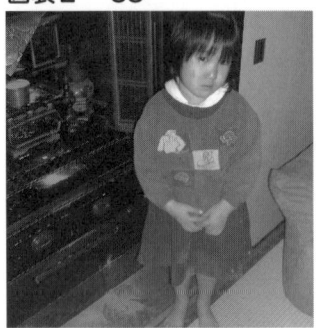

3歳8か月　失敗

図表2−34

4歳4か月　お泊りキャンプ

うになります。

　頭足人から脱して四角がかけるようになり、丸と四角を組み合わせて胴体のついた人物画をかきます。

　他者が何を見ているかがわかるようになり、自分もよくまわりを見て行動するようになります。他者から評価されることを敏感に感じるので、少しでも失敗経験があったり苦手意識があると「できるかな、できないかな」と心が揺れ、しり込みしてしまったり、突然ふざけてしまったり、かんしゃくをおこして怒り始めたりすることがあります（図表2−33）。（やってみたい、けど……）と心の中に葛藤を抱えているこの時期は、「やればできるのに、なぜやらないの！」とただ叱ってもそれを乗り越えることはできません。何をしなければいけないかは、わかっているのです。

　ここは、子どもの気持ちの揺れと葛藤を理解し、それでも子どもの力を信じて待つ保育が必要です。友だちのはげましや、自分をまるごと受け止めてくれる信頼できる先生の具体的な助言、ちょっとしたおまじないや小道具が、未体験の世界への一歩を踏み出す勇気

をくれることもあります（図表２−34）。自分をコントロールする力、自制心の芽生えです。

　４歳ごろは、「○○だけど……」という気持ちに折り合いをつけ、葛藤を乗り越えて「我慢」ができるようになる時期です。ですが、それができる時期だからといって大人の都合で「我慢」ばかりさせていても、本当の意味での自制心が育つわけではありません。日中の楽しい活動がたっぷり保障されるからこそ、「鬼は嫌だけど、誰か捕まえてタッチしよう」とか、「まだ遊んでいたいけど食事の時間だから片づけよう」など、自分で納得して、そうすることが大事だとわかって行動を切り替えることができます。マイナスの気持ちを自分で乗り越えていくからこそ、そういう自分を誇らしく思え、自己肯定感が生まれます。まずは「我慢させる」が先ではなく、楽しい活動を存分に保障すること。その結果として「自制心」や、最後までやり遂げる力が育つのです。

❸ ５歳児の保育

　５〜６歳は急に背が伸び、体の使い方もしなやかに繊細になります。腕をしっかり振って走る姿は本格的です。指先やあごの角度まで気を使って美しいポーズをとったり（図表２−35）、「気をつけ」や「休め」ができるので、力を抜いて水に浮かぶお化け泳ぎもできるようになります。

　認識の発達は、これまでの２次元の世界から、３次元の世界に入ります。

　空間的な３次元では、積み木やブロック（図表２−36）、工作などでも立体的な作品をつくっていきますが、たとえば＜縦・横＞だ

図表２−35

６歳５か月　運動会　荒馬

図表２−36

６歳４か月　ブロック遊び

図表2−37

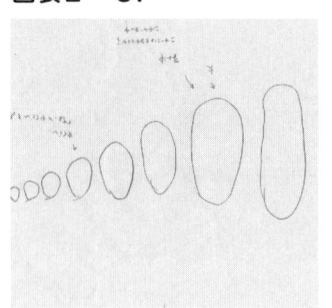

5歳頃　円の系列化

図表2−38

6歳3か月　カレーライス会ルーを入れるのは班長さんの仕事

けでない、「斜め」の制御ができます。三角形がかけるようになり、三角スカートのお姫様をかいたり、遠足で行った山を横からかきます。△と△を組み合わせたパズルもできます。＜大・小＞だけでなく、系列的に並ぶ、だんだん大きくなる円の列の中から「中くらい」や「真ん中」を理解して選びます（図表2−37）。＜勝ち・負け＞だけでない＜あいこ＞がわかり、ジャンケンの三つどもえの理解ができます。人物画は、正面から見た＜前向き＞、後ろから見た＜後ろ向き＞、そして横から見た＜横向き＞をかき分けるようになります。

　系列では、自然数が順に並んでいることを理解し、3個に2個加えたら5個、5個から1個引いたら4個、という、数列を行ったり来たりする簡単な加減計算ができます。時間やカレンダーがわかり、生活のなかで「あと発表会まで4日」と楽しみにしたり、「25分までに食べ終わらなきゃ」と確認したりできます。

　言語・対人的には、3方向から見た人物画がかけるのと同じように、軸を中心にして相手側に立つことがスムーズにできるようになり、相手の側から見た左右がわかったり、相手の立場に立つことができます。相手の立場に立ってわかるように説明したり、小さい子を優しく教え導いたり、障害のある友だちを仲間として受け入れ、必要な支援を自然にしていたりもします。クラスの中での役割がわかり、立派にその務めを果たそうとします（図表2−38）。

　全体と部分の関係がわかり、「車」「バス」「船」「飛行機」などは「乗り物」グループ、「りんご」「バナナ」「みかん」は「果物グループ」など、上位概念もわかります。文字の理解がすすみ、「りんご」は「り」と「ん」と「ご」からできていること（音節分解）がわかって「りんご」の「ご」と「ごりら」の「ご」が同じだとわかるから、

しりとりができますし、書き言葉の世界に入っていきます。

文字に興味をもつ時期に個人差はありますが、おおむね小学校入学までに、数のしくみや文字のしくみがわかり、斜めの制御ができることで（斜めの線だらけの）ひらがなやカタカナが

図表2－39

6歳4か月　お年寄りとの交流

書ける準備ができています。本当なら、縦線と横線だけで書ける簡単な漢字のほうが、象形文字（表意文字）として絵に近く、習得しやすいのですが、1年生が一番難しい表音文字で曲線だらけの「ひらがな」から学ばなければならないのは、実は大変なことなのです。

直接ドリルや練習帳で文字の書き方を学ばせる園も多くありますが、本来なら「今ここにいない人とのコミュニケーション」や、「覚えきれない用件の記録」といった、本来の文字の機能を生かし、必然性のある文字との出会いをしてほしい、と思います。

たとえば裏山に住むという忍者と秘密の巻物のやりとりをして、お泊まり保育の肝試しで使うお守りをもらうとか、老人ホームに遊びにいったときに会ったおばあさんからお礼の手紙が来たから返事を書きたい（図表2－39）とか、節分の鬼をやっつけるための作戦会議のメモと計画表をつくるなどです。たくさんの素敵な実践に学びたいですね。少なくとも、斜めの線もおぼつかず、文字への興味もない子が無理にドリルをやらされて何度も書き直しさせられ、勉強そのものがすっかり嫌いになってしまった、というような出会いは避けてほしいと思います。書き順やバランスはこの段階で重要視しなければならないことではありません。読もうとした意欲、書こうと努力したこと自体を、たくさん認めてあげましょう。

年長の1年間は行事ややることが多く、あっという間に過ぎていきますが、子どもたちは＜できる・できない＞の二項対立の○×評価から脱し、今や多様な価値観を身につけています。「○○くんは乱暴だからコワイ」だけでなく、「○○くんは乱暴なときもあるけど電車のことはすごくくわしい電車博士」とか、「○○ちゃんは先生の話聞いてないときもあるけど、歌がすごく上手」とか。多面的な評価で互いを認め合えるクラスは、集団としてのまとまりもこれまでとは違ってきます。充実した1年間になるよう、準備しましょう。

（1）行事のあり方

季節の行事って、楽しいものばかりだね

保育者は、行事で子どもをただ楽しませているだけではないのよ

「行事」とは、子どものよりよい成長を願い、保育のねらいをもって恒例として日を定めて行う催しのことです。生活に変化と潤いを与え、子どもが主体的に活動できるように、教育的価値を検討する必要があります[1]。

❶ 園での行事

園での行事を目的別に以下のように分類してみました。

①園の運営上必ずやるもの（体重測定・歯科健診など保健的な行事、避難訓練など安全指導などに関わるもの、保護者会など）

②子どもの主体的な活動を生かして行うもの（運動会、生活発表会、お別れ会などの日々の活動を積み重ねる行事など）

③季節の行事や伝統文化を大切にしたもの（春夏秋冬の変化を感じ四季折々に合わせて行うもの、子どもの成長を祝う七五三などの伝統行事、地域のお祭りなどの行事など）

また行事は、行事をとおして子どもの発達の様子が見られる、親子のふれあいを促す、地域の文化を伝承する、保育の内容を豊かにする、などの機能も果たしています。

❷ 子どもの体験としての行事

大人にとっての行事は、非日常的なことを体験することをとおして、楽しんだり、学んだりする機会ですが、子どもたちにとっては多くの行事が日常生活の延長にあります。たとえば、運動会の行事では、新しい課題に向き合ったり、友だちと一緒にテーマをもち、1つの目標にむかっていく経験ができるでしょう。また、行事は園全体の異年齢児の交流や地域との交流の場でもあります。

★1：「幼稚園教育要領」総則第4　3　指導計画の作成上の留意事項（5）（文部科学省、2017年）。

ただし0・1・2歳児にとっての行事の意味と活動、および3・4・5歳児にとっての行事の意味と活動は分けて考える必要があるでしょう。たとえば、0・1歳児が運動会に一日参加することや、遠足に行くことなどは一考する必要があります。また3・4・5歳児でも、過度の練習を活動に組み込んだりすることは日常の遊びや生活の連続性が損われる危険もあります。

保護者にとっての行事は子どもの成長を実感する機会であるとともに、保護者参観などでは、日常の子どもの生活や遊びを見る機会となります。園の保育に対する姿勢も感じてもらえます。

❸ 行事の計画

行事はその日だけのものもあれば、期や月、週の指導案を作成して継続して行うことが必要な行事もあります。主に誰が（子ども、保護者、職員、保育者など）活動を担い、どのような準備が必要なのか、行事後の遊びの展開までを予想し、しっかり計画を立てていきます。

行事の準備に追われた生活をするのは、本末転倒です。行事の精選にあたっては、日常の保育と異なる体験ができるようにあらかじめ計画された保育内容になっているか、子どもたちが主体的に取り組んで参加できるだろうか、子どもが楽しめて、満足感が味わえるだろうか、などを職員間で検討して実施していきます。

❹ 行事のいろいろ

国民の祝日や○○週間とよばれるものやさまざまな記念日なども行事に関連しています。たとえば、春分の日・秋分の日・交通安全週間（4月6日〜15日頃）・郵政記念日（4月20日）・歯の衛生週間（6月4日〜10日）・時の記念日（6月10日）・防災の日（9月1日）・体育の日（10月第2月曜日）・障害者週間（12月3日〜9日）などです。記念日の意味を伝えて、子どもと一緒に考えてみましょう。

地域の人々と関わる行事としては、敬老の日（9月第3月曜日）や勤労感謝の日（11月23日）があります。祖父母や近所の方が園を訪れ、昔遊びを教えてくれ、子どもがお礼の手紙を書くなどの活動をする例もあります。勤労感謝の日では、郵便局や警察・消防署等に出向き、仕事をみせてもらうことができます。

（2）季節ごとの行事

いろいろな季節の行事があるね

地域に特有の文化的行事もあるのよ

❶ 伝統的な行事

　季節を感じることのできる環境構成と関連付けて考える園の行事として、また、日本の伝統文化を伝える活動として「季節の行事」を考えます。

　日本は四季折々の自然の変化の豊かな国です。収穫を祝う、子どもの成長を喜ぶ、神様を祭る、厄を払うなど、その地域ごとに特徴的な行事が行われています。しかし、最近では伝統的な行事や文化を家庭や地域で継承することが難しくなっています。家庭で端午の節句にショウブ湯に入る、お月見にだんごとススキを整える、冬至にゆずを用意するなどは努力しないとできないようです。

　そこで、保育所などがその継承の機能を担うという役割が期待されています。園での生活のなかで、子どもが伝統的な文化や風習を体験しながら育つことは、文化の継承の意味もありますが、自然への興味や関心をもつことや地域の人々とふれあう機会になります。

　「保育所保育指針」では、「地域の生活や季節の行事などに触れる際には、社会とのつながりや地域文化への気付きにつながるものとなることが望ましいこと。その際、保育所内外の行事や地域の人々との触れ合いなどを通して行うこと等も考慮すること[1]」と記されています。また、「文化や伝統に親しむ際には、正月や節句など我が国の伝統的な行事、国歌、唱歌、わらべうたや我が国の伝統的な遊びに親しんだり、異なる文化に触れる活動に親しんだりすることを通じて、社会とのつながりの意識や国際理解の意識の芽生えなどが養われるようにすること[2]」という記述もみられます。意識して、季節の行事や伝統的な行事が体験できるように年間計画を立てましょう。

★1：「保育所保育指針」第2章保育の内容　2　1歳以上3歳未満児の保育に関わるねらい及び内容（2）ねらい及び内容　ウ環境　（ウ）「内容の取扱い」③（厚生労働省、2017年）
★2：「保育所保育指針」第2章保育の内容　3　3歳以上児の保育に関するねらい及び内容（2）ねらい及び内容　ウ環境　（ウ）「内容の取扱い」④（厚生労働省、2017年）

図表２−40　年間の行事の例

	季節の行事	伝統的な行事　文化的な行事
４月	お花見	花祭り
５月	端午の節句	母の日
６月	衣替え	父の日
７月	七夕	
８月	お盆	盆踊り
９月	お月見	夏祭り
10月	芋ほり	収穫のお祭り　ハロウィン
11月	七五三	
12月	クリスマス　もちつき　大晦日	
１月	お正月	鏡開き　どんど焼き
２月	節分	豆まき
３月	ひな祭り	ひな飾り　つるしびな

1．年間の行事

年間で考えられる行事として図表２−40のようなものがあります。

2．季節の行事の事例

季節の行事は、壁面や飾り、絵本や紙芝居の準備などがあり、その日だけではなく、継続した活動になります。地域の人や保護者の協力を得ながら、子どもが興味をもち、行事の意味を理解し、雰囲気を楽しむことが文化の伝承につながります。

春の季節の行事

【事例１】つるしびなを飾る

２月のはじめになると、早々とひな祭りの準備が始まる。玄関ホールにひな壇を飾り、廊下にはつるしびなを飾る。この地域はつるしびなが盛んで、商店街の通りや家々にも飾られてにぎやかである。子どもたちも、興味津々。園でも、折り紙や布を使い、人形や魚、野菜などをつくってつるしている。なかにはテレビ番組のヒーローもいて、ほほえましい。

夏の季節の行事

【事例２】七夕まつり

Ｙ保育所では、食育活動として、行事食を計画している。７月７日の七夕のメニューはそうめんである。その日は年長さんの食育活動として、とうもろこしの皮むきとえだまめの準備を行った。「豆は何個入っているかな」「八百屋さんの豆は大きいね」などと

言いながら手を動かしている。昼食時にはホールに集まり、異年齢の組み合わせで給食を食べた。竹には「大きくなったら看護師さんになりたい」「サッカーがうまくなりますように」などの願いがつるされ、さやさやと風になびいていた。

秋の季節の行事

【事例3】お月見

　9月になると、玄関で月見の展示が始まる。満月のタペストリーが飾られ、その前に季節の花やおだんご、野菜や果物が供えられる。星の話や月見の絵本も展示された。帰りの会の読み聞かせのあと「なぜお月見するの？」「なぜ野菜を置くの？」などいろいろな話題が出た。保護者がお迎えのときに、ススキをもってきてくれて、一層秋らしいしつらえになった。

冬の季節の行事

【事例4】どんど焼き

　1月半ばに、地域でどんど焼きがある。園でも、枝におだんごをつけるべく準備をする。日程を確かめ、枝をもらい、今日はだんごづくりである。3歳児のクラスは、「おだんごを丸く丸めよう」、4歳児のクラスは「同じ大きさに丸めよう」、5歳児クラスは「色をつけよう」と活動のねらいを決めて指導計画を立てて実践した。

　季節の行事にはその由来や飾るもの・関連する食べ物・遊びなどがあります。伝統的な行事について調べてみましょう。

❷ 季節の行事に関係する知識

　季節の行事には、それぞれの由来があり、その行事の目的があります。行事として取り上げていくためには、どのような意味があるのか、その行事を行う人々の思いは何か、どのような形が伝わってきたのかなどを調べ、子どもたちに伝えられるようになりましょう。基本的な知識をもつことも必要です。

1. 四季とは？

　日本の1年は春夏秋冬の四季に分かれています。それぞれの読み方にさまざまな説があります（図表2−41）。

　この季節を太陽暦で区切った月別区分や太陽の動きで決める四季（春分・夏至・秋分・冬至などが関連します）、また、旧暦による区分など[★3]もあります。

★3：二十四節気。

図表 2 − 41　四季の読み方の諸説[4]

春	万物が "発する（はる）"、草木の芽が "張る"、天候の "晴る"、田畑を "墾る（はる）" など
夏	"暑（あつ）" の転化。また "生る（なる）"、"熱（ねつ）" など
秋	"黄熱（あかり、稲が成熟する）" が一般的だが、秋空が "あきらか"、収穫が "飽き満る（あきみつる）"、"草木が紅く（あかく）" なるからなど
冬	"冷ゆ（ふゆ）"、寒さが威力を "振るう"、寒さに "震う" また、動物の出産時期の "殖ゆ（ふゆ）" など

２．節句とは？

　一般的な節句というと「桃の節句」（ひなまつり）「端午の節句」（こどもの日）を思い浮かべますが、「もともとは古く中国で季節の変わり目を "節" として暦法で定められたものが日本に伝わり、各種の年中行事と結びついて "節句" となったもの」です[5]。

　5 節句とよばれるもので、1 月 7 日（人日 _{じんじつ}）七草の節句、3 月 3 日（上巳 _{じょうし}）桃の節句・雛節句、5 月 5 日（端午 _{たんご}）菖蒲の節句、7 月 7 日（七夕 _{しちせき}）七夕・星まつり、9 月 9 日（重陽 _{ちょうよう}）菊の節句です[6]。

３．自然を敬う心や通過儀礼

　十五夜は仲秋の名月を鑑賞するとともに、収穫を感謝する意味もあります。八十八夜や秋祭りなども自然の恵みに感謝する行事です。また、子どもの成長を祝う七五三などは通過儀礼として家庭でも祝います。

４．地域の文化的な行事

　「花祭り」「氏神様等神社の祭り」「恵比寿さん」「酉の市」「どんど焼き」「つるし雛」などが行われています。地域の特色を生かした行事を幼いころから見たり聞いたりするなかで、子どもたちが地域で生活し、文化を紡いでいく人として育つでしょう。

★ 4：『子どもに伝えたい年中行事・記念日』（萌文書林編集部編、萌文書林、2015 年）より作成。

★ 5：前掲書より引用。

★ 6：中国では奇数が重なることを尊ぶ。

（1）食育の計画・実践・評価

少し好き嫌いがあっても、食べることって誰でも好きだよね

食育は、赤ちゃん時代から始まって、子どもの生きる力を育てていくのよ

　子どもが多くの生活時間を過ごす園では、バランスのよい食事で将来にわたる健康を維持増進し、食べることに子どもが興味をもち、「食べる力」や「食を営む力」を育んでいけるよう支援する必要があります。そのために、日々の暮らしのなかで継続的かつ計画的に、養護的食育と教育的食育を一体化して推進していくことが必要です（図表2－42）。

❶「食べる力」と「食を営む力」

　「楽しく食べる子どもに──食からはじまる健やかガイド」（厚生労働省、2004年）には、育てたい「食べる力」が発育・発達過程ごとに示されています。さらに「食べる力」は、互いに関連し重なり合って「食を営む力」が育まれ、生涯にわたる健康で質の高い生活を送ることが可能になります。食育は、子どもが「食べる力」を

図表2－42　保育所保育指針に見る養護と教育

（1）養護に関わる目標	（2）教育に関わる目標
ア　生命の保持	ア　健康（健康、安全など生活に必要な基本的な習慣や態度を養い、心身の健康の基礎を培う）
イ　情緒の安定	イ　人間関係（人との関わりの中で、人に対する愛情と信頼感、そして人権を大切にする心を育てるとともに、自主、自立及び協調の態度を養い、道徳性の芽生えを培う）
	ウ　環境（生命、自然及び社会の事象についての興味や関心を育て、それらに対する豊かな心情や思考力の芽生えを培う）
	エ　言葉（生活の中で、言葉への興味や関心を育て、話したり、聞いたり、相手の話を理解しようとするなど、言葉の豊かさを養う）
	オ　表現（様々な体験を通して、豊かな感性や表現力を育み、創造性の芽生えを培う）

身につけることを目標として行います。「楽しく食べる子どもに──保育所における食育に関する指針」（厚生労働省、2004 年）には、食育の「ねらい」や「内容」が詳細に述べられています（図表２−43）。

図表２−43　食育のねらい及び内容（３歳以上児）★¹

ねらい	内容	配慮事項
「食と健康」 ①できるだけ多くの種類の食べものや料理を味わう。 ②自分の体に必要な食品の種類や働きに気づき、栄養バランスを考慮した食事をとろうとする。 ③健康、安全など食生活に必要な基本的な習慣や態度を身につける。	①好きな食べものをおいしく食べる。 ②様々な食べものを進んで食べる。 ③慣れない食べものや嫌いな食べものにも挑戦する。 ④自分の健康に関心を持ち、必要な食品を進んでとろうとする。 ⑤健康と食べものの関係について関心を持つ。 ⑥健康な生活リズムを身につける。 ⑦うがい、手洗いなど、身の回りを清潔にし、食生活に必要な活動を自分でする。 ⑧保育所生活における食事の仕方を知り、自分たちで場を整える。 ⑨食事の際には、安全に気をつけて行動する。	①食事と心身の健康とが、相互に密接な関連があるものであることを踏まえ、子どもが保育士や他の子どもとの暖かな触れ合いの中で楽しい食事をすることが、しなやかな心と体の発達を促すよう配慮すること。 ②食欲が調理法の工夫だけでなく、生活全体の充実によって増進されることを踏まえ、食事はもちろんのこと、子どもが遊びや睡眠、排泄などの諸活動をバランスよく展開し、食欲を育むよう配慮すること。 ③健康と食べものの関係について関心を促すに当たっては、子どもの興味・関心を踏まえ、全職員が連携のもと、子どもの発達に応じた内容に配慮すること。 ④食習慣の形成に当たっては、子どもの自立心を育て、子どもが他の子どもとかかわりながら、主体的な活動を展開する中で、食生活に必要な習慣を身につけるように配慮すること。
「食と人間関係」 ①自分で食事ができること、身近な人と一緒に食べる楽しさを味わう。 ②様々な人々との会食を通して、愛情や信頼感を持つ。 ③食事に必要な基本的な習慣や態度を身につける。	①身近な大人や友達とともに、食事をする喜びを味わう。 ②同じ料理を食べたり、分け合って食事することを喜ぶ。 ③食生活に必要なことを、友達とともに協力して進める。 ④食の場を共有する中で、友達との関わりを深め、思いやりを持つ。 ⑤調理をしている人に関心を持ち、感謝の気持ちを持つ。 ⑥地域のお年寄りや外国の人など様々な人々と食事を共にする中で、親しみを持つ。 ⑦楽しく食事をするために、必要なきまりに気づき、守ろうとする。	①大人との信頼関係に支えられて自分自身の生活を確立していくことが人とかかわる基盤となることを考慮し、子どもと共に食事をする機会を大切にする。また、子どもが他者と食事を共にする中で、多様な感情を体験し、試行錯誤しながら自分の力で行うことの充実感を味わうことができるよう、子どもの行動を見守りながら適切な援助を行うように配慮すること。 ②食に関する主体的な活動は、他の子どもとのかかわりの中で深まり、豊かになるものであることを踏まえ、食を通して、一人一人を生かした集団を形成しながら、人とかかわる力を育てていくように配慮する。また、子どもたち

★ 1：「楽しく食べる子どもに──保育所における食育に関する指針」（厚生労働省、2004 年）より作成。

ねらい	内容	配慮事項
		と話し合いながら、自分たちのきまりを考え、それを守ろうとすることが、楽しい食事につながっていくことを大切にすること。 ③思いやりの気持ちを培うに当たっては、子どもが他の子どもとのかかわりの中で他者の存在に気付き、相手を尊重する気持ちを持って行動できるようにする。特に、葛藤やつまずきの体験を重視し、それらを乗り越えることにより、次第に芽生える姿を大切にすること。 ④子どもの食生活と関係の深い人々と触れ合い、自分の感情や意思を表現しながら共に食を楽しみ、共感し合う体験を通して、高齢者をはじめ地域、外国の人々などと親しみを持ち、人とかかわることの楽しさや人の役に立つ喜びを味わうことができるようにする。また、生活を通して親の愛情に気づき、親を大切にしようとする気持ちが育つようにすること。
「食と文化」 ①いろいろな料理に出会い、発見を楽しんだり、考えたりし、様々な文化に気づく。 ②地域で培われた食文化を体験し、郷土への関心を持つ。 ③食習慣、マナーを身につける。	①食材にも旬があることを知り、季節感を感じる。 ②地域の産物を生かした料理を味わい、郷土への親しみを持つ。 ③様々な伝統的な日本特有の食事を体験する。 ④外国の人々など、自分と異なる食文化に興味や関心を持つ。 ⑤伝統的な食品加工に出会い、味わう。 ⑥食事にあった食具（スプーンや箸など）の使い方を身につける。 ⑦挨拶や姿勢など、気持ちよく食事をするためのマナーを身につける。	①子どもが、生活の中で様々な食文化とかかわり、次第に周囲の世界に好奇心を抱き、その文化に関心を持ち、自分なりに受け止めることができるようになる過程を大切にすること。 ②地域・郷土の食文化などに関しては、日常と非日常いわゆる「ケとハレ」のバランスを踏まえ、子ども自身が季節の恵み、旬を実感することを通して、文化の伝え手となれるよう配慮すること。 ③様々な文化があることを踏まえ、子どもの人権に十分配慮するとともに、その文化の違いを認め、互いに尊重する心を育てるよう配慮する。また、必要に応じて一人一人に応じた食事内容を工夫するようにすること。 ④文化に見合った習慣やマナーの形成に当たっては、子どもの自立心を育て、子どもが積極的にその文化にかかわろうとする中で身につけるように配慮すること。

ねらい	内容	配慮事項
「いのちの育ちと食」 ①自然の恵みと働くことの大切さを知り、感謝の気持ちを持って食事を味わう。 ②栽培、飼育、食事などを通して、身近な存在に親しみを持ち、すべてのいのちを大切にする心を持つ。 ③身近な自然にかかわり、世話をしたりする中で、料理との関係を考え、食材に対する感覚を豊かにする。	①身近な動植物に関心を持つ。 ②動植物に触れ合うことで、いのちの美しさ、不思議さなどに気づく。 ③自分たちで野菜を育てる。 ④収穫の時期に気づく。 ⑤自分たちで育てた野菜を食べる。 ⑥小動物を飼い、世話をする。 ⑦卵や乳など、身近な動物からの恵みに、感謝の気持ちを持つ。 ⑧食べ物を皆で分け、食べる喜びを味わう。	①幼児期において自然のもつ意味は大きく、その美しさ、不思議さ、恵みなどに直接触れる体験を通して、いのちの大切さに気づくことを踏まえ、子どもが自然とのかかわりを深めることができるよう工夫すること。 ②身近な動植物に対する感動を伝え合い、共感し合うことなどを通して自からかかわろうとする意欲を育てるとともに、様々なかかわり方を通してそれらに対する親しみ、いのちを育む自然の摂理の偉大さに畏敬の念を持ち、いのちを大切にする気持ちなどが養われるようにすること。 ③飼育・栽培に関しては、日常生活の中で子ども自身が生活の一部として捉え、体験できるように環境を整えること。また、大人の仕事の意味が分かり、手伝いなどを通して、子どもが積極的に取り組めるように配慮すること。 ④身近な動植物、また飼育・栽培物の中から保健・安全面に留意しつつ、食材につながるものを選び、積極的に食する体験を通して、自然と食事、いのちと食事のつながりに気づくように配慮すること。 ⑤小動物の飼育に当たってはアレルギー症状などを悪化させないように十分な配慮をすること。
「料理と食」 ①身近な食材を使って、調理を楽しむ。 ②食事の準備から後片付けまでの食事づくりに自らかかわり、味や盛りつけなどを考えたり、それを生活に取り入れようとする。 ③食事にふさわしい環境を考えて、ゆとりある落ち着いた雰囲気で食事をする。	①身近な大人の調理を見る。 ②食事づくりの過程の中で、大人の援助を受けながら、自分でできることを増やす。 ③食べたいものを考える。 ④食材の色、形、香りなどに興味を持つ。 ⑤調理器具の使い方を学び、安全で衛生的な使用法を身につける。 ⑥身近な大人や友達と協力し合って、調理することを楽しむ。 ⑦おいしそうな盛り付けを考える。 ⑧食事が楽しくなるような雰囲気を考え、おいしく食べる。	①自ら調理し、食べる体験を通して、食欲や主体性が育まれることを踏まえ、子どもが食事づくりに取り組むことができるように工夫すること。 ②一人一人の子どもの興味や自発性を大切にし、自ら調理しようとする意欲を育てるとともに、様々な料理を通して素材に目を向け、素材への関心などが養われるようにすること。 ③安全・衛生面に配慮しながら、扱いやすい食材、調理器具などを日常的に用意し、子どもの興味・関心に応じて子どもが自分で調理することができるように配慮すること。そのため、保育所の全職員が連携し、栄養士や調理員が食事をつくる場面を見たり、手伝う機会を大切にすること。

❷食育の計画

1．アセスメント（現状把握・現状分析）

　食育計画を立てるうえで留意したいのは、アセスメントをしっかり行い、問題点を明らかにすることです。問題点は目標と現実の食い違いであったり、あるいは食育実施を阻む環境であったりさまざまです。遊びや運動、睡眠、やせや肥満、抵抗力、アレルギーの有無、便秘や下痢、嗜好、過食や小食、朝食状況、食事の準備や手伝い、食べることへの関心など、食や健康に関してできるだけ多くの情報を集めます。情報の収集は送り迎え時の保護者との会話、保護者会、食に関するアンケートなどさまざまな方法があります。また給食時に子どもの食べ方を観察することで、問題点が発見できる場合も多いのです。

2．目標の明確化

　アセスメント結果と「ねらい」や「内容」をすり合わせ、食育目標を設定します。目標は1つとは限りません。複数ある場合は重要度、緊急性、解決の可能性などを総合的に判断して順番を決めます。また当面・1年後・卒園時など、目標を時系列で設定するのもよいでしょう。

　目標が明確になったら具体的な計画を作成します。子どもの生活全体を視野に置き、生活と食育における支援が分離しないように注意します。また保育所の全職員の取り組みとし、「保育計画」のなかにきちんと位置づけることも重要です。

3．実施方法の検討

　食育の実施者、対象年齢、実施場所などを考え、それらにふさわしい実施方法を考えましょう。幼児では体験型食育で、集中力も未熟なため短時間で行うのがよいでしょう。教材もわかりやすく飽きのこないものを工夫します。たとえば「野菜を好き嫌いなく食べる」ことが目標の場合、野菜に愛着がわくよう、野菜を見て触ってにおいを確認するような機会を増やします。園庭での野菜栽培は、野菜の育ちを理解し、野菜の命を認識し、野菜や野菜を育てる人への感謝の気持ちを育みます。給食でおいしい野菜料理を提供することも有効です。子どもは食の体験値が低く、食べず嫌いというケースも多いので、食べる体験を積ませることも重要です。同年齢の子どもと一緒に食べる給食は、嫌いな食べ物を減らすよい機会となります。簡単にできる野菜料理をつくってみることもよいでしょう。野菜の

栄養や働きを伝えるときは、紙芝居、絵本、エプロンシアターなどのわかりやすい教材を用います。

　同じ目標で行っている食育例を参考にするのも効率的です。文部科学省からは実践例の報告書が毎年出されています。インターネット検索も有効ですし、食育と冠した書籍も多数出版されています。園児の年齢、園の規模や環境など、できるだけ自園に近いものを選びます。そのモデルと自園の状況を比較しながら、自園での食育を計画します。

４．評価方法の検討

　食育実践後には、必ず評価を行います。実施内容が妥当であったか、実施によって改善がみられたかを検討します。そのために評価指標を設定します。

　評価指標はできるだけ数値化できるものを用います。たとえば「野菜を好き嫌いなく食べる」ことを目標とした場合、食育実施前後の野菜料理の残食率、野菜が嫌いと答える子どもの数などが数値指標となります。数値指標は客観性が高く、効果を判定しやすい基準です。しかし数値指標だけが評価ではありません。子どもの笑顔、野菜についていきいきと話す子どもの様子などの記録をとり、分類することで客観性が高まり、評価指標となり得ます。

５．食育指導案（日案）の作成

　食育指導案とは、時間を追って食育の実施内容を記載したもので、テーマや目標のほか、環境構成、子どもの活動、保育者の支援などを具体的に示したものです。環境構成には机やいすなどの配置、子どもと保育者の位置関係、使用する食器や用具などを記します。子どもの活動は、子どもが理解できる内容や動きを子どもの目線で書きます。たとえば「野菜を好き嫌いなく食べる」を目標とした場合、「野菜を食べると元気になることがわかる」や「野菜の３つの働きを言える」などが「子どもの活動」となります。

　子どもが調理して食べるような食育の場合、けがややけど、食物アレルギーに対する配慮が必要となります。包丁使用時には保育者がマンツーマンで寄り添い刃を人に向けたりしないよう目配りをすること、高温の鍋に触らないよう注意することを「保育者の支援」に書き込みます。食物アレルギーでは、アレルゲンが食材として用いられていないかを事前にチェックし、保護者にも喫食の可否を確認しておきます。

図表２−44　食育指導案の例

食育指導案

実施年月日　平成29年7月5日（水）　　　対象児　5歳児15名（男（名　女7名

<主な活動内容>
園庭で栽培したトマト、ナスを収穫して水洗いする。トマトはヘタを除き、ナスはヘタを包丁で切り落とす。それらから調理員さんに野菜煮込み料理（ラタトウイユ）を調理してもらい、5歳児全員で昼食のおかずとして喫食する。ラタテユユの調理時間を使い、トマトやピーマンやナスについて保育士と栄養士が食育を行う。

<子どもの実態把握>	<目標・ねらい>
ナスは色が悪くて気持ち悪い、ピーマンは苦い、トマトは青臭いからと、嫌う子どもが多い。	≪いのちの育ちと食≫栽培することで野菜に愛着を持ち2 命の大切さに気づき感謝の気持ちを持つ3 ≪食と健康≫野菜の働きを知り好き嫌いなく食べることの大切さに気づく。

時間	環境構成	予想される子どもの活動	保育者の援助・配慮点
			【事前】・ラタトウイユの使用食材（ベーコン、コンソメの素など）のアレルギーチェックをし、安全安心に実施できるよう配慮する。
)：40〜	（安全）日よけ帽・軍手の装着、虫刺され薬、切り傷手当用具	⇒収穫できる赤いトマト、緑の濃いつややかなピーマン、実の大きく張ったナスを分別できる。	・ハサミで怪我をしないよう見守る。・軸のどこを切れば良いか、指導する。
	▲拡大図　プランター　保育士　男児 女児 バケツ	・採れたてのトマトやナスは艶々していて、棘が刺さると痛いことが分かる。	・ナスは棘があり嫌がる子供もいるので、怪我がないよう見守る。
10：10		⇒順番を守って手洗いができる。・水分補給する。	・順番に室内に入り手洗いをする。
10：20〜	■全体図	⇒トマトは洗いヘタを取ることができる。ピーマンは洗い、保育士が半分に切ったものから種を除ける。ナスは保育士がヘタを取って半分に切ったものを、包丁で切ることができる。（包丁の持ち方、まな板の使い方が分かる。）	・野菜の係を決めて洗ったりヘタを取ったりの作業を見守り、補助する。・包丁を持って歩いたり包丁を人に向けたりと、危険な行為が無いよう十分注意する。包丁を使う子どもにはマンツーマンで寄り添う。
10：50〜 11：00〜	（用具）ハサミ、バケツ、ボール、ザル、新聞紙、まな板、包丁	⇒手を洗い席に着く⇒トマトやピーマンやナスは、体を元気にしてくれることが分かる。	・紙芝居を用い、野菜の栄養（風邪予防や快便）について話す。
11：20〜 11：30	（教材）紙芝居（ピーちゃんは元気のもと）	・配膳の手伝いができる。・「いただきます」の挨拶ができる。・トマトもピーマンもナスも煮ると色が変わり、軟らかくなることが分かる。・楽しく食事を食べられる。・「ごちそうさま」の挨拶ができる。	・盛付けられた給食を安全に食卓に運べるよう見守る。・スプーンで押したり、箸で挟んだりして、軟らかくなったことを確認させる。・スプーンでの確認が一通り済んだら、楽しく食べるよう促す。
12：00〜		⇒下膳の手伝いができる。	

評価指標：
①実施前後の残食率を比較し、野菜嫌いの子どもが少なくなったかを観察する。②実施前後の野菜料理を食べるときの子どもの表情や食べ方を観察し、嫌がらずに食べる子どもが増えているかを観察する。③紙芝居実施後、野菜の働きについて子どもが理解できているかを観察する。

　食育指導案を作成することでスタッフ全員での共有化が図られ、円滑で安全な食育が可能となります（図表2−44）。

❸ 食育の実施・評価・改善

　実施時に気をつけたいことは、評価や再計画にむけて、記録を丹念にとることです。評価は数値で表現できるものとは限りません。子どもの表情や行動など、数値化しにくいものは特に、記録をとる

ことで評価データの役割を果たします。また計画した通りに実施できる例はまれです。子どもの反応に応じて適宜軌道修正できる柔軟性を身につけましょう。

実施後は評価指標にそって評価し、改善策を考え、新たな計画を立て実施します。このように計画（P）、実施（D）、評価（C）、改善（A）というPDCAサイクルを循環するプロセスにすることで、よりよい食育が実践できます。

❹ 多職種協働と地域連携など

「協働」とは比較的新しい概念です。分野により意味合いは若干異なるものの、目的を共有した主体者が、その専門性を生かして対等な立場で協力し合うことを意味しています。専門家が協力し合うことで、問題解決が早まり、根の深い問題にも対応が可能となります。

食育では、子どもの育ちの専門家である保育者、食の専門家である栄養士が協働して臨むのがよいでしょう。保育者は保護者との会話から子どもの健康や食べ方に関する情報を得やすい立場です。また食べる様子を見守るなかで、子どもの食の問題を発見しやすいといえます。保育者が得た情報を栄養士と共有し、食育の方向性や方法を検討します。食欲がない、好き嫌いが多いという食の問題が、子どもの疾病と関連している場合も少なくないので、健康の専門家である嘱託医や看護師との協働も重要です。また食育は園全体の取り組みとして考え、ほかのクラスの保育者、主任、園長との連携を十分とりましょう。

地域とも連携し、地域の人材を有効活用します。近隣の農家と連携した教育ファーム、地域の魚屋さんの協力による魚解体ショーなどは野菜や魚に興味をもたせ、好きな食べ物を増やすのに役立ちます。

小学校との連携も重要です。園で行ってきた食育、もたらされた効果などを「保育所児童保育要録」に記載することで小学校の食育につなげることができるでしょう。

園における食育はすべてのライフステージにおける食育の原点であり、子どもが生涯にわたって健やかな生活を営むうえで重要な役割を果たしています。その任務を担う専門家として、責任と喜びを感じながら日々臨みたいものです。

（2）食育事例

食育ってどんなことを
するの？

現場の先生方に聞いて
みましょう

　実際に行われた事例をご紹介します。対象にそった目標・目的を
配慮することがポイントです。

【事例1】一口おにぎり

目標・目的：自分で食べる楽しさを手づかみ食べから始めよう。
自分でつくることの楽しさを体験しよう（家庭との連携）。

対象：1歳児〜、3歳児〜

献立例：ラップで包む一口おにぎり、おみそ汁（だいこん・にん
じん・豆腐など）

子どもの活動

・3歳以上の子どもは、米とぎ・みそ汁の具材を切るチームに分
　け、活動します。

・おにぎりをにぎります（図表2−45）。

保育者（栄養士）

・食材、器具の準備をします。

・手洗いの仕方をしっかりと教えます（安全・衛生面の配慮）。

・みそ汁の仕上げ……できる過程を子どもに見せます。

・炊飯……子どもに炊き上がりの湯気を見せます。

・ラップにご飯をのせて子どもに配
ります。

留意点

・食事の前後や汚れたときは手など
を拭き、きれいになったことの快さ
を感じさせます。

・楽しい雰囲気で食事ができるよう
配慮します。

図表2−45

野菜を切るのもピーラーを利用

・食事のときには、一緒にかむまねを見せたりして、かむことの大切さが身につくように配慮します。
・子どもの咀嚼（そしゃく）や嚥下（えんげ）機能の発達に応じて、みそ汁の具の種類や大きさ、かたさなどの調理形態に配慮します。

【事例2】懐石料理ごっこ
目標・目的：食事のリズムを整えよう・食事のマナーを身につけよう（家庭との連携）。
対象：2歳児〜
方法：日本的な雰囲気の献立でテーブルセッティングをして、子どもと保護者が一緒に食事をします（図表2–46）。
献立例：さけ照焼き、ほうれんそうお浸し、煮豆、すまし汁、炊き込みご飯、フルーツ寒天
子どもの活動
・保護者を席へ案内します。
・配膳します。
・懐石料理ごっこ（マナー・会話を楽しみながらの食事）をします。
保育者（栄養士）
・食事の準備をします。
・和風の雰囲気を演出する準備をします（図表2–47）。

図表2－46

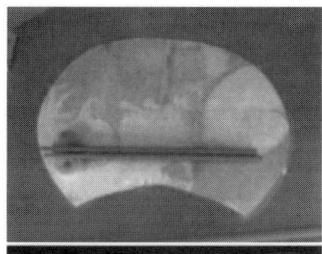
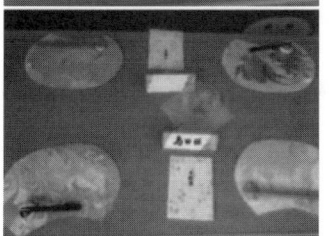

和風のランチョンマット・お品書

図表2－47

和風のBGM・掛け軸や花などの装飾

留意点

- 落ち着いた雰囲気を演出できるよう配慮します。
- 友だちや大人とテーブルを囲んで食事をすすめる雰囲気づくりをします。
- 子どもに楽しい食事のすすめ方を気づかせていくよう配慮します。

【事例3】夏野菜の栽培

目標・目的：食べることや食品に興味や関心をもとう・野菜嫌いを直そう・旬を知ろう（地域との連携）。

対象：2歳児～

方法：事前に保護者に苦手な野菜を聞いておき、プランターで栽培できる野菜（オクラ・トマトなど）を子どもとともに栽培・収穫し、それをおいしく皆で試食します。

子どもの活動

- プランターにスコップで石、土を入れて水をまき、苗木を植えます。
- 来園時にじょうろで苗に水をまきます（図表2−48）。

保育者

- プランターへの石、土入れ、苗の植え方など、手本となるように行います。
- 土の感触や苗の香りなど、子どもの近くで寄り添って、一緒に観察する手助けをします。

留意点

- 無理に全員参加にせず、興味をもった際に参加できるようにしていきます。また、あとからでも参加できるような環境づくり

図表2－48

お水をあげよう

をします。

・自然とふれあうときには、特に安全、衛生面に配慮が必要です。

・保育者が、まず自然に親しみや愛情をもって関わるようにして、子どもがみずからしてみようという気持ちを大切にします。

【事例４】 お魚解体ショー

目標・目的：食べることや食品に興味や関心をもとう・魚嫌いを直そう（地域との連携）。

対象：２歳児〜

方法：地域の魚屋さんにお魚解体ショーへの協力を依頼し、魚屋さんとの打ち合わせに従い、器具を準備します（留意点参照）。栄養士と魚を使った献立や解体した魚を調理する流れなどの打ち合わせをします。

子どもの活動

・魚の解体の見学と魚の骨抜き体験などをします（図表２–49）。

・簡単な調理をし、試食します。

保育者

・魚にふれることへの援助。声かけをしながらお魚解体ショーに興味をもてるようにします。

留意点

・衛生面には特に配慮をします（準備・手洗い・片づけ）。

・魚屋さんと当日準備すべきものおよび持参いただけるもの（包丁・まな板など）についてよく打ち合わせ、園で準備するものを把握します（例：ブルーシート、骨抜きなど）。

・解体ショーを午前中実施し、その魚を昼食にする場合、時間が少ないので、調理は時間のかからず、単品でもいろいろな食材と組み合わせられる献立にします（例：さけシチュー）。

図表２－49

お魚やさん

（1）配慮が必要な子どもへの支援

保育現場には、いろいろな配慮が必要な子どもがいるんだね

保育者は、一人ひとりに合わせた保育をしているのよ

❶ 支援が必要な子どもたち

　保育現場にはさまざまな支援を必要とする子どもたちがいます。アレルギーがある子ども、ひとり親家庭、深夜・休日勤務など保護者の労働形態の多様さ、きょうだいの誕生、虐待が疑われる子ども、外国につながるルーツをもつ子ども、LGBT[★1]の子ども、そして障害のある子どもや、障害ではないが「気になる」姿を見せる子どもたちなどです。いずれも、生活場面によって個別の配慮が必要です。まずは、障害のある子ども、そして障害ではないけれど個別性が高い子どもたちについて、とりあげます。

　障害ではないがいわゆる「気になる子[★2]」の存在は、文部科学省2002年の調査[★3]において、特別支援を受けている子どもたちとは別に小・中学校で何らかの支援を必要としている子どもたちが6.3％いる、という事実が明らかになったころから注目され始めました。40人学級では2〜3人は必ずいるという結果で、学校現場ではそれをもとに2007年からの特別支援教育が実施されています。保育現場で筆者がみる限り、実際にはもっといるのでは、という実感があります。

　2016年9月に筆者が東京都内および近郊の34の保育施設で実施した「気になる子」アンケート結果では、34園に在園する2,029人のうち、21名が障害児、障害ではないが気になる子が144名（7.1％）という数字が出ました。園によっては、同じような定員数でも10数名のリストを出しているところもあれば全くない園もありましたので、実質はそれ以上いると思われます。支援の内容をくわしく別表に書いてもらった132名のうち、外部の相談機関と連携して発達相談や巡回相談を受けながら保育をしている子どもたちは

★1：lesbian、gay、bisexual、transgender の頭文字を組み合わせた造語。
★2：保育現場でよく使われている「気になる子」という表現は、保育者の視点優先であり、保育者が「困った」と感じているだけである、という批判がある。保育力の不足により、保育がうまくいかないのを子どものせいにしていないか、また子ども自身が困っているかどうかなど、子ども目線で考える姿勢が必要とされている。
★3：「通常の学級に在籍する特別な教育的支援を必要とする児童生徒に関する全国実態調査」（文部科学省、2002年）

50名、これからつなげようとしている子どもも含め、まだ支援につながっていない子どもたちが82名（62％）でした。この82名は、現場の保育者が試行錯誤しつつ、必要な配慮をしながら保育を行っているということになります。

「気になる子」の主訴は、「言葉の遅れ」「落ち着きがない」「こだわり」「友達とのトラブル」など、いわゆる子どもの発達障害が疑われるケースと「朝起きて連れてこられない」「虐待疑い」など、家庭環境への支援が必要と思われるケースが主でした。

❷ 障害のある子どもへの支援

障害のある子どもたちの保育は1970年代からの取り組み★4があり、各地で実践が積み重ねられています。必ずしも必要な加配のための制度が整っていない現状がありますが、幼少期から一緒に生活し、大きくなった子どもたちの思春期・青年期までの育ちをみていると、障害児もそうでない子も「一人一人の在りようがそのまま大事にされる」ことに大きな安心感をもち、友だちへの信頼、まわりの大人たちへの信頼をもって地域で育っていることを感じます。

1．保育現場と「インクルーシブ」

文部科学省から共生社会の実現にむけた「インクルーシブ教育」が求められていますが、そもそも最初から「エクスクルーシブ（排除）」しないこと★5が必要なのではないでしょうか。そのために、保育や幼児教育の現場において、障害のある子どもたちが大切に受け止められること、仲間の排除を許さない空気を子どもたちとともにつくっていくことが「インクルーシブ」な地域社会をつくっていくことに果たす役割は非常に大きいといえます。

実際の保育現場では、障害のある子どもは一人ひとり違います。同じ「ダウン症」でも、AちゃんとBくんは好きなものとのコミュニケーションのとり方もまったく違いますし、同じ「自閉症」という診断を受けていても、ひとり遊びが好きな子もいれば、積極的に友だちに関わろうとする子もいます。

障害特性や障害ゆえの制約はありますが、現場では障害の有無にかかわらず一人ひとりの個性として受け止め、日常の保育を行っていくための必要な配慮をしていくことが求められます。

2．発達障害について

近年、発達障害のある子どもの保育が課題となっています。

★4：『保育者のためのテキスト──障害児保育』（近藤直子・白石正久・中村尚子編、全国障害者問題研究会出版部、2013年）
★5：「子ども、親、現場の声を聞く──私たちが欲しい支援とは」（田中哲、2017年）7月22日に小田原市保健センターで行われたコスモスの会オープン研修会の講演資料より。

発達障害とは、「脳の働きに偏りがあり」、物事のとらえ方や行動が周囲の人と違うため、「日常生活に困難が生じる状態」と言われます[★6]。2005年の発達障害者支援法では、「自閉症、アスペルガー症候群その他の広汎性発達障害、学習障害、注意欠陥多動性障害その他これに類する脳機能の障害であってその症状が通常低年齢において発現するもの」と定義されています。

　生まれながらの「脳機能」の問題であるため、決して親のしつけや育て方のせいだけで発生するのではありません。ただ、顔かたちが親子で似るのと同様、脳の働き方も似てくる場合がありますので、子どもが診断を受けたあと、保護者も同様の診断を受ける場合もあります。

　診断名についてはその後、アメリカ精神医学会の定めたDSMという診断基準が改訂[★7]され、日本で使われていた「自閉症」「広汎性発達障害」「アスペルガー症候群」「高機能自閉症」などの診断名がすべて、「ASD（自閉スペクトラム症／自閉症スペクトラム障害）」という名称に統一されました。「スペクトラム」＝連続性をもったものとして、はっきり区別できないしするべきでもない、という考え方が主流になってきたためです。

　発達障害には、「自閉症スペクトラム障害（ASD）」「注意欠如[★8]多動性障害（ADHD）」「学習障害（LD）」「発達性協調運動障害（DCD）」が大きく関わっていますが、これらの障害特性も「スペクトラム」で、実際には2つ以上の傾向を重複してもっていることも多いのです(図表2－50)。それは、凸凹をもった1人の子どもを、対人コミュニケーションの面からスポットライトを当てて飛び出す部分があれ

図表2－50　発達障害の診断名の関連性

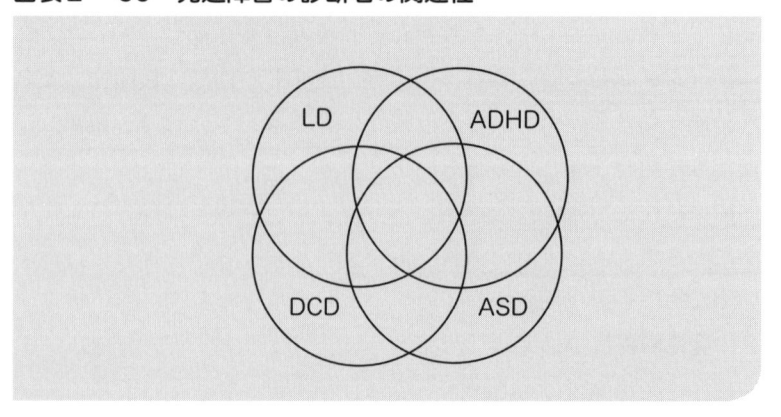

★6：『発達障害のある子を理解して育てる本』（田中哲・藤原里美監修、学研プラス、2014年）
★7：「DSM－5」（American Psychiatric Association,Diagnostic and Statistical Manual of Mental Disorders,Fifth Edition、2013年）
★8：「欠陥」という表現もDSM－5の改訂で改められた。

ば ASD、行動面からスポットライトを当てれば ADHD、学習面からスポットライトを当てれば LD、協調運動（の不器用さ）からスポットライトを当てれば DCD、というように、それぞれ別の側面からの診断がされるからです。

　最近ではこれらの診断名を併記することもできるようになりましたが、実際の子どもに接するときには、ASD なら ASD の特徴がすべてその子に当てはまるわけではないということ、特徴の濃淡もグラデーションがあり、かつ置かれた環境によって困難さは推移することを念頭に置いていただければと思います。

❸ 外国とつながる子ども

　両親や片方の保護者、親族に外国につながるルーツをもつ子どもたちはもう珍しくなくなりました。職員、保育者の側もグローバル化がすすんできています。

　家庭において2言語環境にある場合は、3歳頃までに言葉の遅れや混乱がみられる場合もありますが、4歳を過ぎてくると、たとえば園では日本語、母親と話すときは母の母国語、というように、みごとに使い分けることができるようになります。両国の言葉が混じっている段階では、子どもに同調してちゃんぽんの言葉を使わず、園では正しい日本語を使っていくことが大事です。

　ただし、保護者との関係において言葉での意思疎通が難しい場合は、間にその外国語がわかる人に通訳に入ってもらったり[★9]、イラストや実物でていねいに伝える努力をしていくことが必要です。たとえば明日は遠足なので「お弁当」をもってきてください、と伝えたつもりでも、保護者の母国にお弁当文化がない場合には、何を入れたらいいか、子どもにとってどのくらいが適量なのか見当がつかず、菓子パンとジュースをもたせたため保育者が眉をひそめる、ということが起こり得るのです。

　逆に、宗教や文化的な理由により、食べられないもの、できないこと、タブーなどがあるかもしれません。「日本の文化に慣れてもらうこと」「園のしくみを知ってもらうこと」だけに力を注ぐのではなく、機会があればぜひ保護者の方にお願いして母国の文化や歴史を紹介してもらえるとよいですね。違う国で使っている言葉、食べ物、暮らしぶりを知ることは、子どもたちにとって、職員にとって、ほかの保護者にとっても、大変貴重な機会となるでしょう。

89

★9：最近は無料の翻訳ソフト、翻訳アプリも使い勝手がよくなっているので活用してみるとよい。

❹ LGBT の子ども

　髪を長く伸ばし女の子の服を着た男の子、戦隊ものを好む女の子がいます。大人の LGBT やそれ以外の性的マイノリティについては、どんなセクシュアリティであっても、どんな特性をもっていても、それが生活していくための障壁とならず、自分らしさがありのまま認められる社会にしたい、という地道な取り組みが続けられています。子どもの場合も同じことがいえます。

　子どもたちは 3 歳頃から、自分の性別が「男である、女である」という事実を知っていきます。ただし、生まれながらの性別も実際には「男女」にわけられないバラエティに富んでいる場合があるので注意しましょう。

　日本では人口の 7.6%（13 人に 1 人）が LGBT といわれています[10]。大人の LGBT の当事者の人からは、幼少期より自分の性別に違和感をもって生きてきたという話を聞きます。実際に幼児期から LGBT の子どもがいるのか、という点については家族の意向や好みもあって子どもたちの本当の思いがどうなのかがわかりにくい場合もあります。しかし生まれながらの性別に「そぐわない」行動をしているときに、しかられたり、たしなめられたりしていないか、という点から考えてみると、LGBT の人たちは自分の好きなもの、好きなことを幼少期からずっと否定されつづけてきたのではないかと思いいたります。むしろ日本の園の文化の中に根強く残っている「ジェンダー」について再検討することが急務なのではないでしょうか。園内で無意識に「ジェンダー」のすりこみがされていないか、チェックしてみてください。

　たとえば、絵本などの児童文化財やままごとの中で、ごはんを作ったり、洗濯をしたりしているのがつねに「お母さん」であり、仕事に行くのはつねに「お父さん」であるというような役割分担を無自覚にとりいれていませんか？　トイレのスリッパが、男の子は青、女の子は赤だったりしませんか？　男の子は「男の子らしい」遊び（外遊び、ヒーローごっこ、ブロック、恐竜、車など）を、女の子は「女の子らしい」遊び（ままごと、お姫様ごっこ、手芸など）をしていれば安心、と思っていませんか？　発表会のダンスも、男の子と女の子で出し物を分けていませんか？　ピンク色が好きな男の子は、おかしいでしょうか？　虫が好きで、1 人でだんご虫さがしに夢中になっている女の子は、変ですか？

★ 10：電通ダイバーシティ・ラボ「LGBT 調査 2015」。

　子ども一人ひとりが、自分の好きなもの、好きな遊びが好きだと言える、そしてそれが一人ひとりの個性としてしっかり受け止められる環境があるということが大切なのではないかと思います。

　自分の好きなものが否定されたり、「普通じゃない」と大人が考えている人たちの存在がおとしめられるのを目の当たりにしたりする、そのことが、自己否定や、自分の性同一性への揺らぎや不安を再生産することにつながっていないか、子どもたちを苦しめていないか、検討してみる必要があります。

　一人ひとりがありのまま生きられる社会をどう保障するか、それぞれの園の現場で考えてみましょう。

（2）個別支援の事例

配慮の方法や考え方に
もいろいろあるんだね

配慮が必要な場面で役
に立つ考え方を学びま
しょう

❶ 言葉の遅れがある場合

　具体的な事例で対応方法を考えてみましょう（掲載しているのは、
いくつかの事例を組み合わせた架空のケースです）。

【事例1】　ケイくん　2歳6か月　言葉の遅れ、こだわり

●保育士の主訴、子どもの様子

・ 言葉の遅れがあり、単語でのやりとりが基本。まだ二語文は出
ていない。

・ ずっとお気に入りのおもちゃをもっている。のり・石けん・ジャ
ムなどべたべたしたものが手に触れるのは嫌がる。

・ 食事は手づかみ、排せつは未自立（教えない）、生活の流れが
なかなか身につかず、個別対応が必要である。

・ これまでひとり遊びが基本だったが、友達に興味を持ち始めて
いる。ただし距離感がつかみにくく、顔を近づける、目をつつ
こうとするなどの気になる関わり方をする。

●ある日のエピソード

ケイくんがお気に入りのミニカーをもってウロウロしていたが、
突然ブロックで遊んでいたレンくんの頭を叩き始めたので、あわ
てて止めた。ケイくんは泣いたレンくんを見てきょとんとしてい
るが、スッとまたどこかに行こうとした。つかまえて、叩いては
いけないと言い聞かせたが、理解しているようには思えない。

　あなたが担任だったら、このエピソードのあと、どうしますか？
ケイくんの突然の行動を、どのように考えればいいでしょうか。

　ケイくんの行動の理由がわかれば対応を考えられますが、これと
いった理由がわからず、担任はもやもやしたものを抱えてしまいま
した。そこで、園内のカンファレンスでほかの先生たちと一緒に、

図表２－51　ケイくんの事例の分析

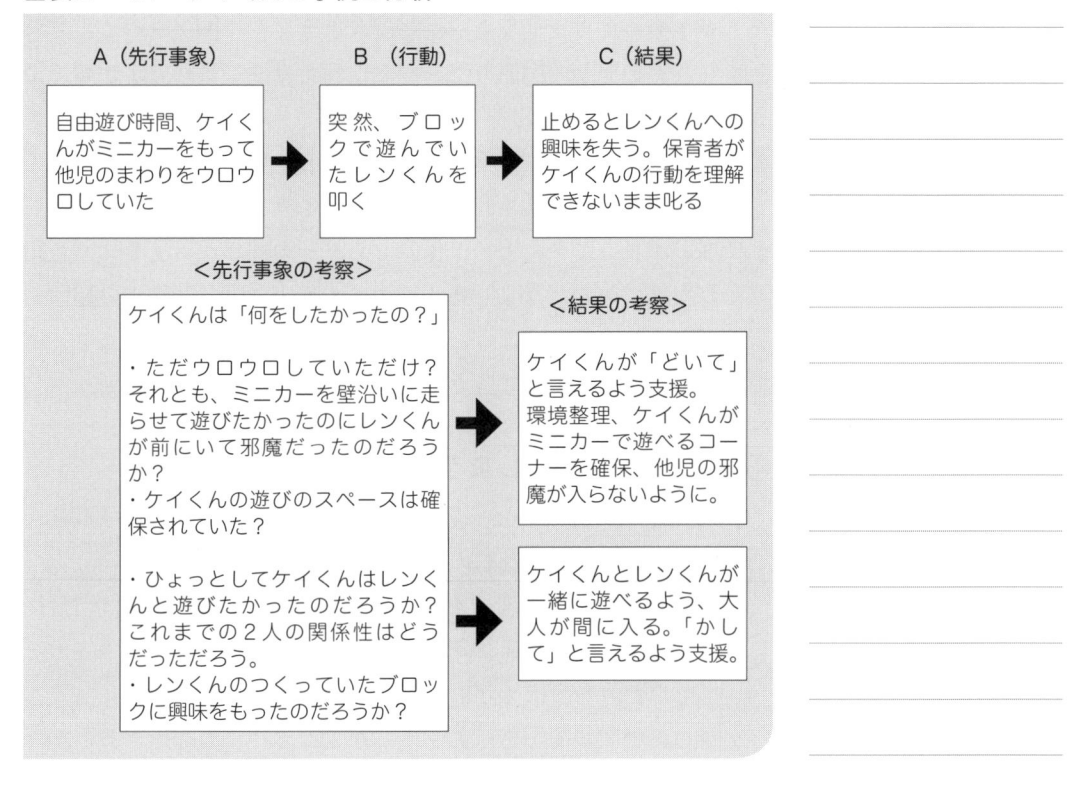

ABC行動分析をしてみることにしました（182ページ（6）行動を分析する参照）。

「先行事象」と「子どもの行動」「結果」について、それぞれ考察してみます（図表２－51）。

ケイくんが「何をしたかったのか」という点で、いくつかの仮説がだされました。「ケイくんの大好きなミニカーの遊びをたっぷり保障する」という視点からであれば、ほかの子が邪魔をしないコーナーの設置や、動線など環境整理がされるでしょう。「ケイくんとレンくんの関係性をつくっていく」「ケイくんの遊びをミニカーからブロックに広げていく」という視点からであれば、保育者が一緒にブロックで遊びながらケイくんとレンくんに働きかけていくことができるでしょう。

実際、園での対応は以下のようになりました。

園内でのカンファレンスの結果、生活のなかでは個別対応を基本として支援することとし、まずは担任との信頼関係がつくれるよう、ケイくんの楽しい遊びをたっぷり繰り返しました。ミニカーでもブ

ロックでも、保育者とケイくんが楽しく遊んでいるのを見て、興味をもってやってきた他児も一緒に誘うようにして関係をつくっていきました。他児との関わりで、危険な場合はすぐに目と手が届くようにして対応し、同時に「『遊ぼう』って言うんだよ」「『かして』だね」など、場にふさわしい言葉をその都度、伝えていきました。

　一方で家族への支援も行われました。2歳を過ぎて明らかに他児との違いが見えてきたため、保健センターの健診から上手に療育相談につなげていただきました。園にも心理士、言語聴覚士の巡回相談が来てくれるようになり、アドバイスは保護者とも共有して、家での対応について一緒に考えるようにしました。

❷ すぐに手が出てしまう場合

【事例2】 ショウくん　5歳　すぐに手が出る、集団行動が困難

●保育士の主訴、子どもの様子

・ 園には4歳から入園。入園当初は警戒心が強く、他児が自分に近づいてくると相手の年齢に関係なく首をしめたり、つき飛ばしたりと、トラブルが続いた。

・ 落ち着いているときはお手伝いが大好きで、夏を過ぎると担任によく甘えてくるようになった（ひざの上に乗ってくる）。

・ 年長で担任が変わり、また荒れる日が続いていたが、日課がわかってくると落ち着いてきた。

・ 製作などは、興味のあるものには取り組むが、そうでないとやろうとしない。運動会や劇の練習なども参加しようとしない。

・ ブロックは必ず左右対称につくる。戦隊ものが好きで塗り絵を楽しむが、たいてい黒と赤で塗りつぶしてしまう。

　あなたが担任だったら、このようなショウくんにどう対応しますか。他児にけがをさせてしまう場合もあり、大変でしたが、園では根気強く取り組みを重ねました。園内カンファレンスでは、「すぐ手がでてしまう」という衝動性と、「新規場面での混乱」による拒否やパニックがあるのではないか、という仮説がだされ、その対応をしていきました。

　まず、朝から気が立っていていつもと様子が違うのがわかるときは、できるだけ保育者のそばに置いて、お手伝いをしてもらいました。子ども同士だけにさせておくとあっという間に相手が傷だらけになっているのでやむを得なかったということもあるのですが、お

手伝いをして「ありがとう、助かったよ」と声をかけることでだんだんに気持ちが落ち着いてくる様子もありました。知的な問題や言葉のやりとりには問題がなかったので、やることがわかっているときには当番活動もがんばりました。

　製作などは、本人の興味のある題材を用意し、そうでないときも本児に目標を決めさせたり、数を決めてここまでできたら終わりなど、ゴールを明確にすることで、年長になったときには参加できるようになっていました。描画のときは、いろいろな色があることを知らせ、描くたびに褒めました。

　はじめての課題は様子がわかるまでは取り組まないので、最初は「見ててね」と様子を観察させておき、2回目から「やってみようか」と誘うことで少しずつ参加が可能になってきました。

　遊びのなかでは、友だちと関われるよう保育者が仲立ちし、自然と子ども同士で遊べるよう関わりました。友だちの名前と顔が、実は一致していなかったことがわかりましたが、配布物のお手伝いのときに壁面に飾ってあるクラス写真で確認をすることで覚えていきました。

　このケースでも、保護者への支援が必要でした。子どもへの支援はクラスで、保護者への支援は園長が主となって取り組みました。保護者も子育てに懸命に取り組んでいましたが、保護者自身に対人関係の不器用さがあり、なかなか本児との気持ちのふれあいも難しく、時に厳しく叱責したり、手がでたりしたこともあったようでした。園での対応方法と子どものよいところを具体的に伝えつつ、児童相談所などの相談機関にもつなげていきました。就学のこともあったので、就学相談でも引き継ぎをし、学校での支援につなげました。

（1）保護者とのコミュニケーション

保育者には、保護者への支援という仕事もあるんだね

子どもの幸せのために、保護者と保育者が協力できるようにしていくことが大事なのよ

❶ 日常の関わり

　保護者とのコミュニケーションで最も大切なことは日常の関わりのなかで信頼してもらえる関係をつくることです。子どもを育てる第一義的責任は保護者にあります。ですから、保護者が子育ての主人公になれるように関わっていきます。子どもの親としての自己肯定感をもてるように、保護者の子育てのすばらしいところをみつけて共有しましょう。保護者を褒めるときはほかの保護者が聞いていないときを見計らったり、連絡帳を使ったりします。お世辞を言ったり書いたりする必要はありません。保護者の子どもへの言動や態度で、何か気づきがあったとき、時をおかず素直な感想を述べましょう。褒めるときは「○○さんの〜〜を見て（聞いて）とても勉強になりました」というように、言葉かけをします。

　お子さんのかわいらしい姿や成長についても、同様です。保護者より自分のほうが、お子さんの様子によく気づくという感情はもたないようにしましょう。保護者こそが子育ての主人公です。そこを基本に置き、「〜〜させていただく」という気持ちで保育しましょう。日々の小さな出来事を保護者に知らせて、ともに喜び、ともに心を痛めることも大切なコミュニケーションです。保護者にとって、わが子はただひとりの大切かつ特別な存在です。そのような保護者の立場に立ち、保護者の心情を考えて、言動は意識的に行いましょう。

　お子さん同士のけんかやトラブルも子どもの数が少ない現代では保護者の心配の種です。その日にトラブルがあったお子さんには、（園長などと相談のうえで）送迎時に言葉で知らせ、連絡帳の内容にも配慮します。必要なら、親子が家に着いてからしばらくして電話で様子を聞くことも大事です。面倒なようですが、「先生が特別

にわが子のことを心配してくれている」ということが保護者の安心感を醸成します。また、同じけがやトラブルが続けて起きることは絶対にあってはならないことです。トラブルの翌日は、特にその子どもをよく観察し、保護者にていねいな報告をしましょう。子どもを心配する保護者の気持ちに思いを寄せてみることにより、大きなトラブルになる前に問題の芽を摘むことができます。

❷ 個人情報の扱い

　個人のプライバシーを大切にすることは、保護者の信頼を得るための基本です。相談の場面では、保育者は守秘義務がある専門職なので、ここで聞いたことはよそでは絶対に話さないことを言葉で説明し、約束しましょう。保護者の相談内容を園内で共有することは、組織として支援するために必要なことですが、保護者がそれを理解しているとは限りません。園内で情報を共有することも伝えましょう。一方、外部と連携する場合は、本人の承諾を得ることが必要です。

　相談室で話を聞くことばかりではなく、送迎時や保護者会などの際の立ち話で相談が始まることがあります。そのようなときは、周囲の保護者などに内容が聞こえないように配慮し、タイミングをみて相談室などのプライバシーが守れる場所に案内するのが適切な対応です。

❸ トラブルや相談の記録の重要性

　子ども同士のトラブルやけが、保護者との関わりなどの記録は公的書類として保存する必要があります。その目的は以下です。
①保護者や行政への説明に一貫性をもたせ、信頼関係を壊さないため園内で情報共有する。
②保護者から質問があったときに保育者がどのように対応したかを詳細に説明する材料とする。
③同じような事故やトラブルが起きないように対策をとる際の資料にする。
④事実関係を示す証拠とする。
　そのためには、以下の点にも留意しましょう。
　・小さい事故も記録する。
　・保護者への謝罪、苦情対応などは電話でもささいな会話でも記録する。

・記録には、事実のみを書き、必ず正確な日時、対応者名を記載する。

・立ち話で大切なことを説明しない（別室で話し、それを記録する）。

・重要なことは、必ず2名で話をしてその記録を2名で確認する。なお、記録は鍵のかかるところに保管することが基本となります。

❹ 子育てがうまくいかない家庭への対応

　子育てがうまくいかない家庭は、園では「困った家庭」「困った保護者」と見えるかもしれませんが、保護者も困っているのです。そして、子どもはもっと困っているのです。

1．保護者のできていることに焦点をあてる

　子どものことを考えると、「保護者にもっとこうしてほしい」「どうしてできないのか」などという気持ちをもつことがあるでしょう。そのように保護者を責める気持ちをもってしまうと、保護者にそれが伝わって、避けられてしまうことがあります。誰しも、自分を責められるのは嫌なものです。保護者のできていることに焦点を当てる姿勢で臨みたいものです。

2．子どもの代弁者となる

　保護者と子どもの利害が対立することがあります。保護者が自分の気持ちを通してしまい、子どもが我慢していることに気づいたら保育者は何とかしたいと思うでしょう。そのようなときは、保護者に直接働きかけるのではなく、子どもの視点に立ち、「○○ちゃんはこう思っているのかな？」などと、子どもの気持ちを代弁するといいでしょう。保育者が子どもの気持ちに気づくことが子どもと保護者の関係をスムーズにし、結果として家族を支援することになるのです。

3．チャンスを待つ

　子育てがうまくいかない家庭では、保護者自身も困っているので、「そんなこと、わかっている。余計なお世話」と思われがちです。そうなりそうなときは、あまり干渉しないでさりげなく見守る姿勢が大切です。そして、自然な流れのなかで話ができるきっかけをつかんで、チャンスを逃がさず伝えることも必要です。

4．役割分担をする

　「困った保護者」にいろいろお願いしたいこともあるでしょう。そのようなときには役割分担（チーム）で臨みましょう。その場合、担任保育者はいつでも保護者の味方でいられるようにしてください。きっぱりと決まりなどを示すのは主任か園長の役割です。もし、保護者から「園長や主任に注意された」「怒られた」と愚痴を言われたら、その「言われて嫌な思いをした気持ち」に寄り添います。しかし、保護者に同調しすぎないようにして、決まりを守ることは大切だということを念頭に置きます。そのようなとき、「決まりを守ってもらえると私もうれしい」などと、担任として保護者の気持ちに訴えかけることが有効な場合もあります。

5．困った家庭を機能から分析

　子育て中の家庭には①養育機能、②保護機能、③休息機能、④生活文化伝承機能、⑤生命倫理観醸成機能という重要な5大機能があります。

①養育機能とは、衣食住などの環境を整えて子どもを育てる営みを意味します。ただ家事をするのではなく、子どもが健やかに成長することを願っている気持ちが養育機能を通じて子どもに伝わることで、子どもの自己肯定感が育まれます。

②保護機能とは、家庭で子どもの安全を確保することです。

③休息機能とは、安心して暮らせる場を保障することです。これらができないで、子どもを家庭で傷つける顕著な姿が、児童虐待です。

④生活文化伝承機能とは、日々の暮らしを通じて、生活の所作や常識、マナー、行事の方法などを伝えることです。生活文化がしっかりと伝えられていることで、子どもは社会の一員として迎えられる素地ができます。

⑤生命倫理観醸成機能は、命や自然の大切さを理屈抜きで感じ取る感性を養うことです。この感覚は家庭のなかで家族との関わりからしみ込むように伝わるものといえます。

　これらの機能のうちいずれかが不足していると、子育てがうまくいかない家庭になります。子育てがうまくいかない家庭については、足りない家庭機能を見極め、それを補うという関わりが求められます。

（2）地域との連携

地域と連携するって難しそうだね

保育士には、子育てしやすい地域づくりも求められているのよ

❶ 子育てしやすい地域づくりにむけて

　子育てしやすい地域づくりや児童虐待の予防と早期発見は保育や福祉、教育に関わる者の大きな役割です。子育てしやすい地域の要素には、行政による子育て支援の充実や交通の便、道路、公園などの街づくりも重要ですが、人と人の関わりはもっと重要といえます。しかし、それは園の働きだけでできるものではありません。地域住民の協力があって成り立つものです。暮らしのなかで、子どもや保護者に関わりをもったり、声をかけたりする住民が複数いることで、親子の様子がわかり、子育ての課題について早期に気づくことができます。保護者が何かに困っているときに愚痴を聞いたり、何気なく声をかけたりする近隣の人がいれば、一人で思いつめたり、孤立したりしないで子育てをすることができます。地域にそのような雰囲気があれば、子育てしやすいといえるでしょう。では、そのような地域や人間関係はどのようにしたらできていくのでしょうか。

❷ 地域の活動者（グループ）との連携

　市町村は子育て支援のグループの登録を受け付けたりしています。市町村の情報を活用して、活発に活動しているグループだけではなく、グループ活動の方法や場を求めているという人たちにアクセスしてみましょう。

　グループ支援をするときには、グループに入りづらい人、活動を休みがちな人に視点を当てて言葉かけや励ましをしていきます。自分が孤立や孤独を感じたことがある人は孤独な子育てのつらさを誰よりもわかるはずです。グループが出来上がったあとも、グループを閉鎖的にせず、誰でも参加できるようにしておくことをアドバイ

スします。地域の支援者グループは、保護者が参加できる、当事者に一番近いグループとしても機能できるはずです。

　グループができたら、ほかのグループとのつながりをもてるように支援しましょう。そして、必要に応じて、研修の情報を提供したり、保育者ができる研修を実施したりして、グループ活動が充実するように見守り続けていきましょう。園に親和性が高い住民の運営する子育て支援グループがあることで、園側が気づいた地域のニーズを充足するような活動展開が可能になります。開かれたグループは地域を子育てしやすい雰囲気にし、人と人との関係のつなぎ手となっていくでしょう。

❸ 地域資源の開発

　地域資源の充実した地域は、子育てしやすいといえるでしょう。では、子育てしやすい地域に必要な地域資源がなかったらどうしたらよいのでしょうか？　資源をつくり出すのも園の役割です。

　子育てを始めたばかりの地域の保護者を集めて、赤ちゃんグループをつくり、自主的なグループとして巣立たせていくことにより、そのグループが新しい地域の資源として活動するようになり、地域が活性化します。

　日常のなかで保護者から「こんな場があったらいのに」とか 「これがなくて困っている」「こういう問題が生じている」という悩みや愚痴、不満を聞くことがあるでしょう。それは、保育者にとって大切な情報といえます。保護者が求めている場や支援、サービス、現状の課題を解決するしくみなど望ましいあり方を保護者とともに考えながら、新しい資源を開発してみましょう。資源開発には以下の方法があります。

①グループをつくり、園の場や人材を提供する。
②園の資源を使って新しいサービスが始められないかを考え、行政や民間の補助金や支援制度を紹介する。
③地域の団体、組織、会社などに働きかけて、ともに取り組んでみる。
④行政に働きかけて、協力を得る。

　どの方法をとるにしても、個人ではなく組織として動くことが求められます。

（3）クレームとその対応

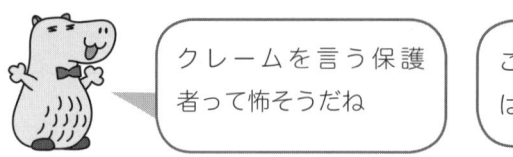

クレームを言う保護者って怖そうだね

ここでのキーワードは、"信頼関係"よ

❶ 苦情解決のしくみ

苦情への対応[1]は保育所など社会福祉事業を行っている経営者に求められている取り組みです。

社会福祉事業の利用者[2]は、気になることがあっても事業者[3]に言いにくいという時代が長くありました。その反省に立ち、いつでも気になることを事業者に言えるようなしくみができました。

保育所を例に説明しますと、保育所には苦情受付の投書箱や苦情受付についてのお知らせのポスターなどがあります。人としては、苦情受付担当者と苦情解決責任者を保育所内に配置し、保育所外の人に第三者委員になってもらいます。苦情があった場合は苦情受付担当者が詳細を把握し、苦情解決責任者に伝えます。苦情解決責任者は第三者委員とともに苦情を申し出た当事者と3者で話し合いをします。解決しない場合は、利用者が都道府県の運営適正化委員会に申し出ることもできます。

このように公式ルートで解決にむけて動くことも必要ですが、日々の保育者と保護者の関わりのなかで、疑問や誤解を小さなうちに解決していくことがベストです。

❷ 苦情発生の予防

苦情が発生しない保護者との関係づくりが求められます。保護者とともに子どもの育ちを見守り、喜び合うパートナーになれていれば、コミュニケーションもうまくいき、トラブルは大きくならずに済みます。日頃から、子どもの成長を喜び合う土壌があり、ていねいで誠実な子どもへの関わりがあると、困ったことや不快なことがあっても、一緒に考えていこうという姿勢になります。保護者と保

★1：社会福祉法第82条
★2：保育所を利用する保護者と子ども、子育て支援事業の利用者など。
★3：保育所の経営者、保育者も含む。

育者の間に信頼関係があれば「次には具体的に改善してくれるだろう」と思ってもらえるからです。

【事例1】 今日Jちゃんが食後にパズルをしていたところ、Cちゃんが横からパズルに手をだしてしまい、JちゃんがCちゃんの手をかんでしまった。Cちゃんをすぐに引き離し、かまれた場所を冷やして、園長先生に報告。Jちゃんには「かまないで。Cちゃん痛いよ。泣いていたでしょ」「パズルに触らないでねって言おうね」と話した。

事後の対応

①お迎えのとき、Cの保護者には経過を報告、手を見せて、すぐに引き離し、冷やしたので腫れてはいないことを確認してもらった。食後などは保育者の注意が片づけにいきがちなので、チームを確認して対応することを伝えた。

②Jの保護者には、JがCの手をかんだことを伝える。パズルを邪魔されることを嫌がってかんでしまったらしいことを話す。2歳児なのでパズルも1人1つずつ使えるように用意していきたいと伝えた。

③次の朝、Cの保護者には家庭での様子を聞き、手の傷を確かめた。まだ傷があるようなので、手洗いや砂場での遊びのときには気をつけていくことを伝えた。お迎えのときにもていねいに様子を伝えた。

このような事例の場合は、その日以降は対応しなくてよいわけではなく、継続的に子どものことを気にかけていくことが必要です。対応は園長や主任などの責任者と一つひとつ確認しながら行いましょう。

保護者との関係づくりには記録が重要な意味をもちます。経過を事実にそって書きましょう。園全体の情報共有が必要です。職員が書いた保護者との面接記録や対応記録に必要事項や確認事項の記入漏れがないか、確認したり、不備を適切に添削・指導したりすることが次のクレーム予防につながります。

❸苦情発生後の対応

苦情に適切に対応したりすれば、その苦情対応を通じて保護者との関係を深め、信頼関係につなげることもできます。

苦情を受けたときには、受けた職員は内容を正しく聞きとります。

内容の理解に食い違いがないように保護者の言葉を繰り返したり、気持ちを確かめたりしながら対応します。必ず複数で対応します。

【事例2】

保護者「昨日来月の予定のおたよりが入っていなかったんです。勤務のシフトを申請するのに必要で。時々書類を忘れますよね。こういうことは困るんです。それにもう少し早く日程を知らせてもらいたいんです」

担任「おたよりが入っていなかったのですか。それでお困りだったんですね。確認してみます」

主任「事務室に予備がありますので、どうぞおもちください。シフトの関係で早めに予定を把握なさりたいんですね」

保護者「（おたよりを受けとって）ありがとうございます。保育所の行事には参加したいので、早めにわかるといいですが、この園は何かにつけて遅いですね」

担任「おたよりは、カバンの外側に入っていました。子どもが自分で入れることを今試みています。次には、ちゃんと入れられたかを帰りに確認します。園の行事に来てくださるのはうれしいです」

主任「予定は早めに出せるといいのですが、毎月前月の下旬と決めています。年間の予定表を貼っておきます。また変更があったら担任から口頭で、知らせるようにします」

保護者「ありがとうございます。よろしくお願いします」

①事実関係を確認するときは、保護者の言葉を繰り返す。

②保育者チームで対応します。役割を分担し、担任が保護者の心情をくみながら話し、枠組みや決まりは園長や主任が明確に伝えるようにする。

③苦情に対して、具体的に保育所でできることを提案する。特別扱いや例外はつくらない。

④保育内容などで苦情を受けた場合は、園長が全体の計画を示し、保育の意図を説明する。

⑤職員に関する苦情の場合は、園長・主任が聞き取り、出来事に誤解がないか、感情の行き違いがないかなど、職員に事実関係を確かめ対応する。

❹ クレームを言う保護者

　組織としての保護者対応方法を構築し、園長・主任として責任ある姿勢で、クレームを言う保護者の心情に巻き込まれない対応をすることが求められます。

　苦情は伝えられたそのことだけが問題ではなく、日頃その保護者がどのように園や保育者のことを感じているかの表れです。園の方針や物理的な環境整備、行事のあり方など、全体に関わる不満もあれば、日頃の対応への不満・不平の場合もあるでしょう。その保護者の訴えの本質は何かを、具体的に考える必要があります。

　保護者からの意見をクレームととらえず、「園の配慮や保育の足りないところを教えていただいた」という気持ちで受け止め、真摯に聞くことが大切です。この姿勢が保護者に伝わることで、クレーマーと思われがちだった意見の多い保護者が、園の力強いサポーターになることもあります。お互いに「子どもの幸せ」を願っているという目的をもっていることを確認し合い、話し合うことが必要です。

　意見を言う保護者をクレーマーと決めつけてしまうと、園の改善はストップしてしまいます。聞くのがつらい意見も聞く姿勢や、自分たちは正しいはずという思い込みを捨てることも必要になります。

第 3 章

運営管理

保育者の仕事は子どもの保育や保護者支援だけではありません。子どもの保育ではない活動もありますが、子どもを取り巻く環境づくりや安定的な園の経営・運営という行為などをとおしても、子どもの育ちを支えています。

第 1 節　園をマネジメントする

（1）組織マネジメント

 園を運営する人は、組織マネジメントについて知ることが大切なんだね

 組織マネジメント論は、保育分野の組織運営にも役に立つのよ

❶ 組織とマネジメント

　組織とは「二人以上の人々の意識的に調整された活動や諸力の体系」[1] とされており、成立条件として①共通目的②貢献意欲③コミュニケーションがあげられています。

　組織が存続するためには、共通の目的が妥当であるかが大切になってきます。目的の達成が難しいものや非現実的なものであると、目的の達成のために取り組む行動、すなわち貢献意欲を無駄と感じるため、組織に所属する人の意欲が低下するからです。コミュニケーションはどの組織においても重要です。コミュニケーションがしっかりできていないと、目的を共通にすることができません。目的を共通にすることができないということは貢献意欲にも影響するということです。ここでいうコミュニケーションには対話はもちろん、電子メールなどの書面も含まれています。

　すなわち組織とは共通目的をもった人たちが目的実現のために貢献するものです。そして、目的実現のためのさまざまなコミュニケーションがあるということです。

　また、マネジメントとは「人を動かし共に働いて、効率的かつ有効に物事を行うプロセス」[2] とされています。マネジメントには4つの機能があります。目標を達成するには、戦略や活動計画など

★ 1 :『新訳　経営者の役割』(C・I・バーナード、山本安次郎・田杉競・飯野春樹訳、ダイヤモンド社、1968年)
★ 2 :『マネジメント入門──グローバル経営のための理論と実践』(スティーブン P. ロビンス、高木晴夫監訳、ダイヤモンド社、2014年、p.9)

図表3-1　マネジメントの4つの機能[3]

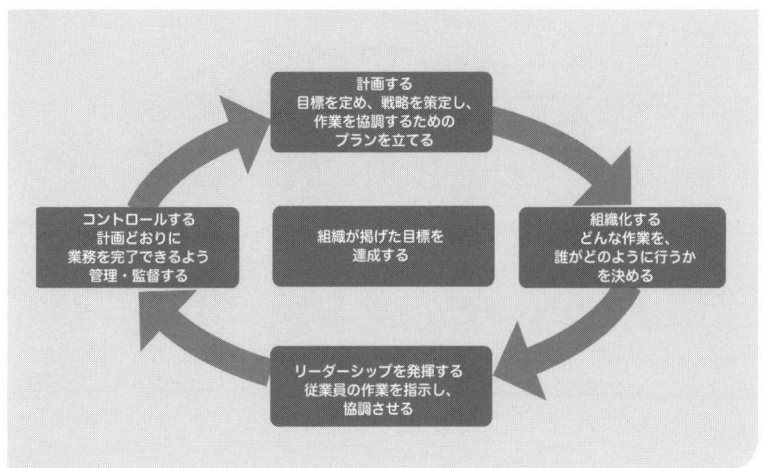

を計画し、計画の中で誰がどのように働くかを決定します。そして働く人たちに指示をだす、やる気を引き出すなどのリーダーシップを発揮します。ここで注意したいのはマネジメントする立場の人、すなわちマネジャーはリーダーシップを発揮してはいけないという発想にならないことです。その逆もしかりです。リーダーであっても時と場合によっては働く人をマネジメントする、すなわち調整する必要があります。そして最後は、今までの計画や人員配置を管理・監督し、目標にむけて望ましいプロセスを経ているか、状況に応じて軌道修正をし、方向性をコントロールします。

　組織をマネジメントするということは何らかの共通の目的に対して集まり、役割を与えられた人たちが目的達成のためのプロセスを管理することといえます（図表3-1）。

　組織をマネジメントする際、6つの課題があります。まず組織をハードな側面とソフトな側面からとらえます。ハードな側面とは明確化され公式化されたものです。何のためにその組織が存在するのかといった「目的・戦略」、人材をどう配置しているのか（どの部門になど）といった「構造」、仕事の手順の共有や明確化といった「業務の手順・技術」、人事評価やキャリアアップ支援などの「制度（施策）」です。ソフトな側面とは個人の能力や満足度、やる気など「人（タレント）」に関するものと、チームワークや職場（部署）の雰囲気といった「関係性」があります。

　組織に所属する人（つまり保育の現場であれば保育者）が100%の力を出すためにはソフトな側面を整える、すなわち人に対するマ

★3:『マネジメント入門──グローバル経営のための理論と実践』（スティーブン P. ロビンス、高木晴夫監訳、ダイヤモンド社、2014 年、p.9）

図表3-2 組織の6つのマネジメント課題[4]

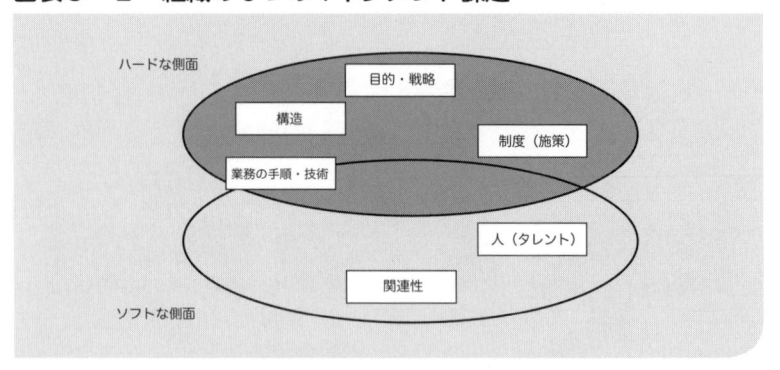

ネジメントやソフトな側面に対するアプローチが大切になってきます（図表3-2）。

❷ 不満の解消は満足をもたらすものか？

目的の達成のためには、組織に属する人の気持ちをマネジメントすることが重要です。気持ちよく、もしくはやる気をもって働いてもらうために不満を聞くことや不満の対策をとることが多いと思います。しかし、不満の解消が満足をもたらすと思いがちですが、実際は満足をもたらす要因と不満を解消する要因は別のものです。

「不満を解消しても満足にならず（不満がない状態）、満足感を感じないからといってすぐに不満足になるということない」ということです。

働くことに充実を感じる要因、いわゆる職務満足は①達成②承認③仕事そのもの④責任⑤昇進⑥成長です。

逆に職務不満足を高めるのは①会社の政策と経営②監督③監督者との関係④作業条件⑤給与⑥同僚との関係⑦個人生活⑧部下との関係⑨身分⑩保障などです。これら①～⑩個の要因を解消したとしても、職務満足には直接の関係はありません。保育者の労働環境や給与面を改善しても不満が解消されたということで、仕事に満足を得るということではないのです。しかし、不満を解消することは大切です。管理する立場の人間は、教職員が不満なく、職務に満足できる環境や管理実践が求められます。

❸ 園を取り巻く環境と現状を知る

園が今現在、社会的にどのような状況に置かれているのかを知る方法の一つにSWOT分析というものがあります。SWOT分析

★4：『入門　組織開発──活き活きとした働ける職場をつくる』（中村和彦、光文社、2015年、p.23）

はもともと経営戦略論の分析技法です。強み（Strength）、弱み（Weakness）、機会（Opportunity）、脅威（Threat）の４つの視点から書き出していき、園を取り巻く環境や園の現状を分析し、今後の方針などを策定、立案します。

　強みと弱みは園の内部環境です。園の強みとはたとえば、「保育設備が整っている」「経験豊富な保育者が多い」などです。SWOT分析はそれぞれ１つだけあげるものではなく、話し合いをもとに分析をするので、複数の事項があがることがほとんどです（図表３−３）。内部環境はある程度、園でコントロールできるものもあります。

　機会と脅威は園の外部環境です。園からみてプラスになるのが機会であり、マイナスになるのが脅威です。外部環境は園でコントロールするのは難しいものです。また、機会と脅威は時として逆になることもあります。たとえば、保育業界がマスコミで取り上げられるという現状を仮定した際、これを機に園の特徴を外部に発信しようとなれば、保育業界がマスコミで取り上げられることは "機会" です。しかし、これを機に保育者を志望する人が減ったり、保護者が敬遠するのではとなるとそれは "脅威" です。

　４つの視点、それぞれで分析するだけでも最初はよいと思います。自分の園の現状を知ることで強みを生かしたり、弱みに対応できるような運営ができます。ただ、それだけでは十分ではありません。それらをもとに①強みを生かして、機会を利用できる施策とは②強みを生かして、脅威に対抗できる施策とは③弱みを踏まえて、機会を生かすことができる施策とは④弱みを踏まえて脅威を避けることができる施策とは、この４点を考えることでより具体的に園の今後の方向性や現状を確認することができます。

　園を、人をマネジメントするためにも、園がどのような環境、状況下にあるのかを知ることはとても大切なことです。

図表３−３　SWOT 分析[5]

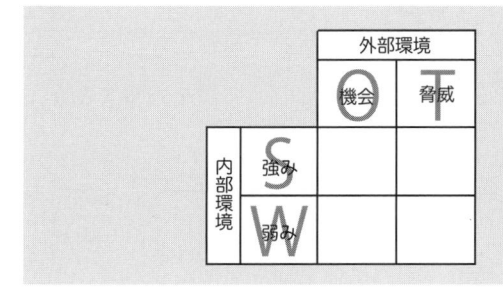

★ 5：『これだけ！ SWOT 分析──一歩先を行くリーダーの行動を加速するフレームワーク』（伊藤達夫、すばる舎、2013 年、p.17）

（2）関係法令の理解

法令を理解して、守っていくことが大切なんだね

法令は代わることがあるので、新しい情報をしっかりと確認しておきましょう

　共働き世帯の増加にともない、保育や子育て支援のニーズが高まっていることに加え、幼児教育の重要性が叫ばれており、子どもの育ちを支える保育者、保育・教育施設の役割に一層の期待が寄せられています。一方で施設における乳幼児の事故や基準に満たない環境における保育などが問題として取り沙汰されており、保護者が安心して子どもを預けられる環境整備がこれまで以上に重要となっています。保護者や地域に信頼される保育・教育施設であるためには、関係法令を理解し、コンプライアンス（法令遵守）の意識を高める必要があります。

❶ コンプライアンスと法令に関する基礎知識

1．法令順守と管理運営

　コンプライアンスは、1990年代頃から企業経営の分野で強調されるようになった考え方で、一般に「法令遵守」と訳されることが多い用語です。広くは「企業の社会的責任（CSR = Corporate Social Responsibility）」を含む概念で、顧客や株主など利害関係者からの信頼を得ることはもとより、事業を通じて社会に貢献する企業となるために重要な考え方となっています。2000年代以降、教育・保育の現場でも浸透してきています★1。

　コンプライアンスの第一歩は法令理解です。保育を支えている基本的な法令などを理解することは、園運営の適切性を判断するうえで重要となります。

　図表3－4は園運営に関わる基本的な法令の効力関係を示したものです。ピラミッドの下位の法がより上位の法に違反することはできず、上位にある法ほど法的な効力は強くなります。これを「上位

★1：『生徒指導とスクール・コンプライアンス——法律・判例を理解し実践に活かす』（坂田仰編著、学事出版、2015年、p.18）

図表３－４　法令の効力関係

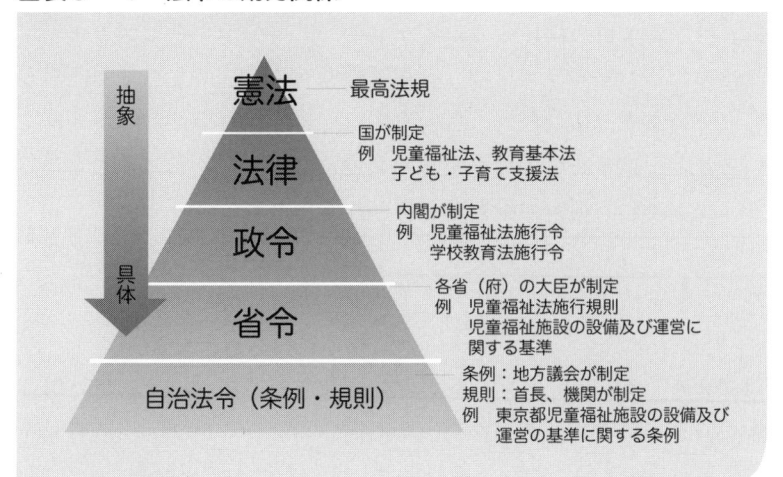

法優先の法則」といいます。最高法規としての「日本国憲法」には、福祉や教育に関わる権利についての規定があります（第13条、第25条、第26条）。これに基づき、権利を保障するための関係機関の責務や、具体的な施策が法律以下の法令で定められています。なお、「児童の権利に関する条約」などの国際法も憲法のもとで、法律以下の法令の内容に影響を与えます[★2]。

　内閣の定める政令や各省庁の大臣が定める省令では施策や事業の手続きなどのより具体的な内容が定められています。これらの法令を遵守して保育・教育施設の設置・運営を行う必要があります。

　また、厚生労働省や文部科学省から発出される「通達」「通知」「告示」といった形式の文書があります。これは法令ではありませんが、法的な拘束力をもつ（つまり従わなければならない）ものもあります。「通達」は、行政の上位機関が下位機関に対して法令の解釈、運用・取扱基準や行政執行の方針などについて示達することをいい、「通知」は特定人または不特定多数の人に対して特定の事項を知らせる行為をいいます。たとえば、2017（平成29）年6月には厚生労働省より「保育所、地域型保育事業及び認可外保育施設においてプール活動・水遊びを行う場合の事故の防止について（通知）」が都道府県指定都市、中核市の児童福祉主管部（局）長宛てに出されていますが、これはさらにそれぞれ所管の市町村、各施設にも通知されることになります。

　「告示」は、公の機関が公示を必要とする事項について国民（住民）

★2：条約はあくまで締約国の最高法規である憲法に基づいて締結、批准されるものである。

にむけて知らせるものをいいます。たとえば、現在「保育所保育指針」は厚生労働大臣による「告示」の形式で公示されています。これは単なるお知らせではなく、規範性を有する基準としての性格をもっています。すなわち、各保育所は保育所保育指針に規定されていることを踏まえて保育を実施しなければならないということであり、一定の法的拘束力をもつと解されています。

　特に厚生労働省は、通知により重要な指導助言を行うことが多いため、最新情報を把握しておくようにしましょう。

　「児童福祉法」に基づく認可を受けて運営されている施設を「認可保育所」といい、認可を受けずに運営される施設を「認可外保育施設」といいます。認可保育所の設置認可を行うのは、都道府県知事、指定都市市長、中核市市長です。すなわち、認可保育所の管理、指導監督は都道府県、指定都市、中核市の保育関連の事務を主管する課によって行われます。都道府県が認可を行う際は、市町村との協議のうえで行うため、認可・確認申請に先立ち市町村に事前相談を行うこととなっています。

　また都道府県のなかには条例によって指導監督を市町村に委任しているところもあります。「子ども・子育て支援新制度」では、市町村には保育の実施義務があるため、保育の必要性に関する認定や給付に関する事務、関連する指導監査業務は市町村が行っています（「子ども・子育て支援法」第 14 条、第 38 条）。また、家庭的保育、小規模保育等地域型保育事業の認可も市町村の権限です。こうした権限に基づいて[★3]、国レベルの施策の展開を各自治体が行っているわけです。国で義務付けがなければ、実施は自治体の裁量となります。そのため、園の認可権限や指導監督権をもつ自治体の政策動向を知っておく必要があります。

2．説明責任と情報提供

　また近年は、きちんと基準などを満たした施設であることを、地域住民に公表していくことも、コンプライアンスの観点から重要です。いわゆる説明責任（アカウンタビリティ）を果たすということです。税金である補助金が適切に使用されているかどうかを納税者に示し、また利用者やこれから利用しようという人々にむけて、信頼に値する施設であることを示していなければならないのです。そのため園の保育や運営に関する情報を積極的に公開していくことが求められます。保育所の地域住民に対する情報公開については、「児

★3：国・都道府県・市町村の役割分担については 2012 年 9 月 18 日地方自治体担当者向け説明会・資料 5「市町村・都道府県・国の役割」（http://www8.cao.go.jp/shoushi/shinseido/administer/setsumeikai/h240918/pdf/s5.pdf　2017 年 9 月 1 日最終アクセス）を参照。

童福祉法」に努力義務として定められています（第48条の3）。また、都道府県知事に対する情報提供も義務付けられています（子ども・子育て支援法第58条）。

　加えて、説明責任を果たすために重要なのが「評価」です。保育所における評価は、一職員の行う保育の振り返りから、保育所全体で行う自己評価[4]、外部の専門家などが行う第三者評価、行政が行う監査など[5]さまざまなレベルで行われます（「子ども・子育て支援法」第33条第5項、「児童福祉施設の設備及び運営に関する基準」第5条第3項、第36条の2）。それぞれのレベルでの評価を保育の質の改善に結び付け、公表して地域の方や保護者に信頼を得ていくことが、園長をはじめマネジメント層の大きな役割となります。

❷ 保育政策の動向と展開

1．少子化対策と街づくり

　保育政策の大きな柱の一つは少子化対策です。特に女性の活躍を支える子育て支援の役割を保育施設は担っています。現在、都市部では、待機児童の問題で保育サービス・保育施設の量的な拡大を図っていますが、都市部においても、いずれは人口減少が見込まれます。たとえば、「2060年までの東京の推計（東京都政策企画局、2016年）」によれば、2015（平成27）年国勢調査による人口を基準に、2060年までの東京の人口を推計すると、東京の人口は、2025年に減少に転じるといわれています。東京の中でも、区部は2030年、都下は2020年と地域によっても差があります。一方、すでに子どもの減少がすすんでいる地域では、保育所、幼稚園の統合が行われています。

　保育所、幼稚園の設置統廃合はその自治体の街づくりと大きく関わります。そのため、自治体の政策動向を把握することや担当者とのコミュニケーションも重要となります。園のある地域の実情を踏まえて、少子化に歯止めをかけるだけでなく、子どもの人口減少にも備え、10年後の園の姿を考えながら園運営を考えていく必要があるでしょう。地域の子どもを育てるという観点から地域ぐるみで連携・協力する体制づくりが求められているのです。

2．保育の質の向上

　保育政策のもう1つの柱は質の向上です。質の向上には3つの側面があります。まず「保育内容」の質です。国として保育・教育の

113

★4：保育所の自己評価については、厚生労働省「保育所における自己評価ガイドライン」を参照。(http://www.mhlw.go.jp/bunya/kodomo/pdf/hoiku01.pdf　2017年9月1日最終アクセス)

★5：新制度における指導監査については、2016年1月27日子ども・子育て支援新制度説明会・資料7「新制度における指導監査等について」を参照。(http://www8.cao.go.jp/shoushi/shinseido/administer/setsumeikai/h280127/pdf/s7.pdf　2017年9月1日最終アクセス)

質の向上を目指す方向に動き出しています。保育のねらい及び内容では、3歳以上、1〜3歳、0〜1歳の保育内容が分けられているのはそのためです。その意味では、保育の全体的な計画、指導計画の重要性がさらに高まっています。

　次に「職員の資質能力」の質です。たとえば保育士の資質能力の向上は法令に義務付けられています（「児童福祉法」第48条の4第2項）。厚生労働省および内閣府は現職保育士の研修（キャリアアップ研修）の体系化と処遇改善に取り組んでいます。それに応じて、各都道府県や市町村でも研修や処遇改善を行っているところです。自治体や民間の関係組織・団体の研修体系や研修計画を把握するとともに、各園や施設においても保育の質の向上にむけて研修計画を立てる必要があります。

　最後に職員配置・施設設備など「保育環境」の質の向上です。安全・衛生面での管理を計画的に行うことが求められています。原則として年に一度、毎年行われる監査でも重要事項です。

❸ 行政情報・資料の入手方法

政策動向

・厚生労働省 HP ＞子ども・子育て＞子ども・子育て支援＞保育関係

　http://www.mhlw.go.jp/stf/seisakunitsuite/bunya/kodomo/kodomo_kosodate/hoiku/index.html

・厚生労働省メールマガジン（新着情報を配信。保育関連のみのものではない）

　http://www.mhlw.go.jp/mailmagazine/shinchaku.html

・自治体の子ども・子育て支援事業計画（各自治体の HP を参照）

・自治体の教育振興基本計画（各自治体の HP を参照）

・文部科学省のメールマガジン（初等中等教育局のメルマガに幼児教育関係の内容が含まれている、バックナンバーも HP で閲覧可能）

　http://www.mext.go.jp/magazine/index.htm

関連予算、基礎情報

・内閣府 HP「子ども・子育て支援新制度」＞「法令・通知」

　http://www8.cao.go.jp/shoushi/shinseido/law/index.html

事故情報

・特定教育・保育施設等における事故情報データベース

（内閣府 HP「子ども・子育て支援新制度」＞「制度の概要」＞「教育・保育施設における事故データベース」http://www8.cao.go.jp/shoushi/shinseido/outline/index.html）

その他、制度政策の情報提供を行っている団体

・全国保育協議会　http://www.zenhokyo.gr.jp/annai/annai.htm

・全国私立保育園連盟　http://www.zenshihoren.or.jp/

　　など

（3）園長の役割と保育

園長先生ってどんなことをする人なのかな……？

園長先生には、いろんな役割があるのよ

❶ 保育者としての役割

　園長に最低限必要な知識は、「保育所保育指針」や「幼稚園教育要領」についての理解です。園長には国の出す指針にそって職員の研修などを通じて保育する力を高めることが求められています。

　また、園長の役割に園の保育の全体的な計画を作成することがあります。さらに、その内容が全職員に理解できるようにしていくことも園長の役割となります。年間指導計画にそった実際の保育内容や行事については職員に任せ、必要に応じて指導するという責任者としての関わりが必要です。全体的な計画にそった年間指導計画の作成、年間指導計画にそった保育内容や行事を園全体で計画したり、主任保育者が組み立てたりした場合も、園長はそれを職員全体や保護者にわかりやすく説明できなくてはなりません。

　各クラスの月案、週案、日案の運用を管理し、進捗を把握し、実際の保育を支援することも保育者としての園長の役割となります。

　また、園に通う子どもの長所を見いだす表現にあふれた日誌や連絡帳の重要性について職員に伝え、保護者と成長の喜びを共有することができる保育者を育てることも園長の役割といえましょう。そのためには、保育日誌や連絡帳には保育者の保育の姿勢が表れることを保育者に伝え、保育者自身がそのことを自覚できるよう言葉かけをしていくことが必要です。

　ソーシャルワークのプロセスを押さえた面接をすることや地域連携の取り組み、社会資源の活用を通じた保護者支援は、園長が保育者としての実力を示す機会です。保護者との信頼関係を築くことと同時に、職員の信頼を得るためにも、園長の保育者としてのこのような力量が求められています。

❷ 経営者としての役割

　園の経営を安定させ、職員が保育に安心して取り組める環境をつくることは、経営者としての園長の役割です。経営の安定と保育の質を高めることを両立させ、それを職員に説明していくことが求められます。そのために、補助金、法令などの情報をいち早く把握することも、経営者として心がけたいものです。

　職員の育成も経営という視点から重要な課題です。各職員の能力や業務にむけた意欲、希望を把握し、その職制や職歴、能力に応じた研修計画を支援していきましょう。

　研修には実際の仕事を通じて学ぶ OJT や園内研修、外部研修などがあります。特に園長は園内研修を通じて各職員がそれぞれの長所を生かし、苦手なことを克服できるように支援することや、外部研修を活用することが求められます。

　経営者として、園の社会的評価を高めることも園長の責務です。園の社会的評価を高める機会として、保育所には第三者評価があります。第三者評価を受けると、自園がどのような保育をどのような思いで行っているのかを外部に知らせることができます。園の取り組みを第三者評価機関から客観的な指標で評価されることにより、保護者だけでなく、職員も自信をつけることができます。また、第三者評価では、保護者アンケートなどを実施します。この結果を適切に活用することで、保護者からの率直な意見を反映した、開かれた保育所になることができます。幼稚園でも同様な取り組みが求められます。

　実習生の受け入れは、後進を育成する保育所や幼稚園の社会的責任として大切です。実習生に自園の保育をどのように伝えるのか、日誌指導をどのように行うのか、実習生の何をどう評価するのか、という葛藤が、保育者としての職員が成長する機会となります。実習の意義は後進の育成にとどまらず、保育者養成校との協働を通じて、最前線の保育理論に照らして自園の保育の質を振り返り、保育の質を高め、社会に示す機会ともなります。

❸ 中間管理職としての役割

　園長は管理職といってもイコール経営トップである場合ばかりではありません。園の経営をしつつ、法人や会社全体の方針を理解し、職員に伝える役割を担う中間管理職としての立ち位置をとることも

あります。職員会議で法人の方針を引用しながら、現場でどのように実践したらよいのかを職員に説明することもあります。中間管理職には、現場で把握したニーズやリスクを法人幹部に迅速かつ具体的に伝えることも求められています。経営に役立つ情報をいち早く地域で察知したり、必要な情報や現場が求めていることを法人幹部や会社のトップに伝えたりすることにより、現場がいきいきとするような法人や会社の方向性を導き出すことも可能です。

　中間管理職という視点から、運営論を学ぶとともに、新人保育者、調理員（栄養士）、パート保育者など職制が違う職員の関係調整と意思統一を行い、嘱託医などの関係者と適切な情報共有ができることも必要です。

❹ 人事管理者としての役割

　園長には人事管理者としての役割があります。園内の指示・命令系統を明確にすることや、コンプライアンス（法令遵守）に基礎を置いた園の理念を職員に明確に伝え、園の行動指針を示し、それを守るように職員指導をすることは人事管理の第一歩です。

　園内の指示・命令系統を明確に規定し、各職員の役割や権限を園内で調整し、合意形成して、内外に説明することが、働きやすい職場づくりにつながります。職制は社会地位的役割です。したがって、誰が偉いなどということではなく、各職員の職制による互いへの関わりや仕事への責任範囲や違いなのだということを説明するのも必要です。たとえば、熟練の無資格パートと新人の有資格者がいれば、双方のよさを言葉に出して説明することが求められます。

　コンプライアンスについては、法をどのようにかいくぐるかではなく、社会正義に基づいた園のあり方を職員に説明することが重要です。人事管理者として、園の社会的使命について語り、園の理念をみずからの信念として語り、みずからの組織のあり方や存在意義に誇りをもつ姿勢を示すことは、園の凝集力や労働意欲を高めることにつながります。また、就業規則について明確に説明し、決まりを守らない職員には毅然とした態度で注意することが、不公平感がない組織づくりにつながります。そのために、期日や提出物などの日時を明確に示したり、具体的な指示をしたりすることが必要となります。

❺ リスクマネージャーとしての役割

リスク管理は園長の大きな仕事です。ヒヤリハット★1の記録を保育者への注意喚起にとどめず、予防できるシステムづくりやマニュアルに反映させることで、事故や訴訟の危機を回避しましょう。リスク管理の基礎として、園で独自に作成したり、法人や会社で共有したりしているマニュアルや資料、記録は整理し、回覧しやすいようにしておく必要があります。特に、避難訓練や大規模災害訓練など、園児の誘導マニュアルについて熟知し、職員全体や保護者に説明できるようになることが必要です。事故や災害時の対応について常にシミュレーションを行い、何かあったときには、職員へ適切な指示をできるような準備を心がけている必要があります。

保護者や関係機関とのトラブルを避けたり、これに適切に対応したりすることも園長のリスク管理の範囲です。くわしい説明は第1章で前述しています（28ページ（1）危機管理参照）。

❻ 人間関係調整者としての役割

新人保育者の約3割が人間関係の不具合でやめています。園長には職員の失敗を支え、自信を引き出し、仕事や園への愛着を生むコミュニケーションをする人間関係調整者としての役割があります。

ホウレンソウ（報・連・相）ができていればよいのではなく、お互いの気持ちが通じ合うような声かけができるような職場づくりが求められます。そのためには、すべての職員の長所をみつけるようにしましょう。職員からの不満や愚痴を聞くことも大切です。そのなかで、退職意向がある職員や自信をなくしている職員、バーンアウト（燃え尽き症候群）しそうな職員に気づき、その気持ちを支えることができるようになります。

失敗しても受け止め、補ってくれる園長や主任保育者がいることで、未熟な保育者もいきいきと保育や行事、自分のやりたいことに挑戦できるようになります。それが、園内で新しい取り組みが生まれ、いきいきとした職場の雰囲気につながっていきます。お互いにけん制したり、張り合ったり、比べたりするのではなく、支え合い、補い合い、高め合う職場づくりは園長の日々の姿勢にかかっています。園長は個々の保育者の気持ちに寄り添うとともに、保育者集団の形成を意識して、後進の育成にあたります。

★1：重大な事故にはつながらなかったものの、直結してもおかしくない事例のこと。

（4）園の経営

保育所や幼稚園にも経営するという視点があるんだね

安定した保育サービスを提供するためには、安定した経営が必要なのよ

❶ 経営の方針、方向性

　園の経営については、ほかの業種の経営同様に法令遵守のもと、組織・園がいかに社会的価値を高め、継続成長させていけるかという観点が必要です。現在の社会環境により、地域、行政からの園のニーズは非常に高く、新規園を求める声は高まっており、そのニーズにこたえていくことは組織としての経営上、大切かつ重要な判断となります。

　上記の対応を判断するうえでも、法人や会社全体と園の経営方針は、例年年度末までに経営責任者がそれぞれ見直す必要はありますが、長期の観点で作成しておくことが必要で、またその方針を組織・園・職員全体で価値観を統一しておくこともより一体となった組織運営がすすめられる材料ともなります。

　たとえば、複数の園を抱える法人の場合は園長会で話された組織の経営方針を職員会議で共有してもらったり、職員全員が確認できる共通資料を定期的に職員個人へ各園を介して配布したりして、情報の共有化を図ります。また、逆にその経営方針に対して現場職員からの忌憚（きたん）のない意見や質問、価値観を自己申告書として集約し確認できる機会でも、全体の価値観、方向性を確認しながらすすめていくことができます。

　特に、一人ひとり異なった観点の職業人が集まって、一つひとつの園運営を安定してすすめていくには、経営者として明確な方針や方向性を園長会や、全職員が集まるような場において定期的に発信しておくことが求められます。

　また、園において、園長は経営者としての役割も担います。複数の園を抱える法人に所属する園長は、法人や会社全体として、組織

図表3－5　複数の園を抱える法人組織

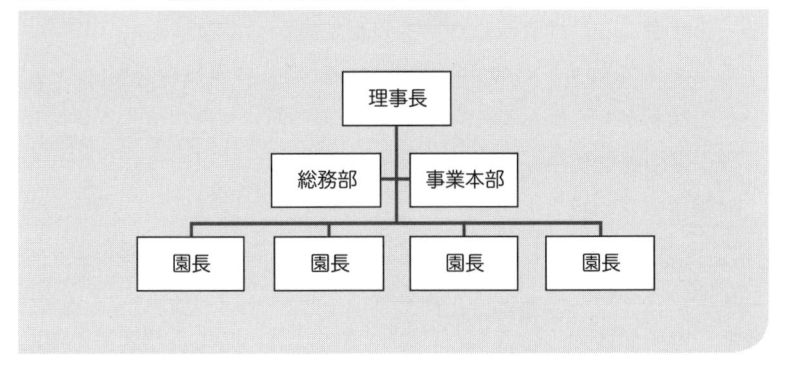

全体の経営方針に従って園の運営をすすめる必要があります。園全体の方針は、社長や理事長が園の状況やこれからの組織改善を加味し決定し、その方針のもと、担当役員や事業部長が具体的な対策や、方法を決定していきます（図表3－5）。

　園長が組織の方針や具体的な対策とは異なった対応をそれぞれの園で実施していけば、社会的にも利用者や保護者からも不信感をもたれる材料となり、継続した成長は期待できなくなってしまいます。

　そして、保育者としての園長は、子どものニーズを勘案して、法人の方針を遵守しつつも地域の実態に合わせて園の方針をだし、保育者の実践を支援していきます。

❷ 経営を通じての社会貢献

　園を運営することは、ほかの業態と比較しても地域、社会への貢献価値と意味があるととらえることができます。園が新設されることで、園に関わる多くの人々が集まり、子どもを通じて多くのコミュニティーが生まれその地域が活性化されます。新たな家族との出会いや、園の取り組みに地域の方に関わってもらうことで、組織としての社会貢献にもつながります。

　園の設置、運営にあたっては、組織として長期期間にわたってその土地の文化、地域の理解を深めるとともに、自治体や近隣の園、地域の業界団体と協力して地域への貢献も見通しての判断が必要となります。

❸ 経営の課題 ── 経営資源（人・もの・金・情報）

　資源は限られていますが、重要な順位は組織によってまた時代によっても変わってきます。特に保育の分野においては、当然子ども

たちや保護者との関わりが深い運営形態と業種であるため、人（園長・保育者など）の資源についての重要度が高くなります。

採用する人数は、新規園の開設があればその人員が必要となり、また退職者がでた際にはその補充人員も必要で、採用するだけでは人材不足の課題解決にはつながりません。

園職員の採用数とともに、人材育成について育成方法の環境整備（研修・メンタルヘルスなど）確立・統一、成功体験を通じて、働く女性の多い職場ならではの就業規則を整備し、ダイバーシティ（多様性）の価値観で、できるだけ園の実情に合わせて長期就労が可能な環境を提供することも大切になります。

そして、複数の園の運営の場合は、その労働環境を同じように整備することが、組織全体の協力体制のなかで運営ができるポイントにもなります。

❹ 経営経費、予算管理

社会的な価値を高め、長期的に園を継続していくという意味で、定員を下回らないように園児を確保し、無駄な経費をかけずに利益を上げるということも園の経営については重要な観点です。特に一番の経費となる人件費については、基準を順守しながら適正で効率的な人員配置での運営が必要で、保育者の業務負担を減らすためのICT（情報通信技術）化についても人件費削減に直結します。その利益が、預かる子どものために安定して運営できる財源になり、また勤務職員それぞれの処遇の財源になり、そして新規園の開園の資源にもつながります。経営上、長期的な建物修繕の積み立てなども行っておくことも大切であり、長期間での運営視点が必要です。

それぞれの園においては、例年行政から共有される補助金の方針を確認しながら、前年度1年間の経費を振り返り年間の経営計画（補助金収入、人件費、給食費、行事費、消耗品などの予算）を立てます。そして、その計画に合わせて月々、または日々の支出状況を確認し、保育の質を確保しながら利益を残していきましょう。

❺ 経営においての、その他の環境材料

1．行政・自治体

園の経営については、法人独自の判断をすることも必要ですが、当然行政の設置基準に準じた経営・運営を行う必要があります。自

治体ごとの基準も、毎年変更するものがあるため、その動向にも注意しながら行政と情報交換を密にし、理解し合える関係性づくりも必要です。園児の事故、保護者との関係、補助金申請、園の監査、巡回指導など折々の機会で園の詳しい状況を相談し、助言をしてもらいながら園の経営を行っていくことで、行政・自治体からの信頼の高い園につながります。

2．保護者との関係

子どもを預かる保育施設ですが、預けるという判断をするのは、保護者です。昨今の家庭環境では、さまざまな保護者の要望や価値観が存在します。良好な関係を継続しながら、長く利用してもらって、子どものよりよい成長を育むためにも、個々のご家庭の環境を入園前の面談や、日々のコミュニケーションを通じてしっかりと園が把握する必要があります。

また、保護者のニーズを、園ごとで定期的にヒアリングを行ったり、法人全体で同じ内容のアンケートを実施し確認を行うことも大切です。課題の多いものや大きい内容については、法人として適宜対応を行い、全体に周知し、園と保護者の信頼関係が崩れないようにしていくことも必要です。

（5）園の運営管理

保育現場では保育以外に園の運営管理の仕事もしているんだね

そうよ。園の運営も大切なの

❶ 園で行われる会議

　園では実にさまざまな種類の会議が行われます。職員全体で行う会議、年齢児ごとの担当職員で行う会議、担当者間で行う会議など、さまざまな形態の会議があります。もっと言えば、園外において園長同士で行う会議（園長会議）といったようなものまであります。

1．職員全体で行う会議

　ここでは園内の全職員が参加し、園の年間予定や月間予定、行事計画の確認などを行います。子ども一人ひとりについて必要な情報交換も行います。ただし、全職員が参加することが難しい場合が多いのも現実です。

　この場合は参加できない職員への伝達手段として会議記録を厳密に作成しておくことが重要です。参加できない職員から事前に必要な意見聴取をしておくことも必要となります。この会議を執り行うのは園長です。園長が参加できない場合は、園長の委任を受けたうえで園長に準ずる者がこの会議を執り行うこととなります。月に1回程度は行う必要があるでしょう。

2．年齢児ごとの担当職員で行う会議

　たとえば4歳児クラスが複数存在する場合は、各クラス担当職員同士の会議を開く必要もあります。1クラスの場合はこの会議が行われることは当然ないので、前述の職員全体で行う会議に代替することとなります。

　会議内容としてはクラス間の連携内容、行事計画内の詳細や実際に行うにあたっての相談事などを行います。この会議を執り行うのは対象年齢児のリーダー職員です。園長が任命しておくことが望ましいです。週に1回程度は行う必要があるでしょう。この会議にお

いても参加できない難しさが生じることがあります。いうまでもなく会議記録を作成しておくことが求められます。参加できない職員への意見聴取も行います。

３．担当者間で行う会議

行事を担当する職員を決めている場合は、その職員同士での会議も必要となります。会議内容はもちろんその行事の計画立案についてです。この会議で話し合ったことを行事計画（案）として全体で行う会議や年齢児ごとの担当職員で行う会議において発議することとなります。担当委員を決めている場合もあります。この場合も同様です。担当委員で話し合った内容を発議することとなります。担当者間で随時開かれる会議となります。

４．その他の会議に準ずるもの

職員同士で毎日何となく話す内容にも、園を運営するうえでとても大切な情報が含まれていることがあります。その話の内容に対して特に園長は注意深く聴取することが必要とされます。園の危機管理にもつながります。

❷ 園内での研修

会議を開くことさえ大変なのに……という現場の声が聞こえてきそうですが、それでも会議とは別に研修を開催する必要もあるということもあえて強調しておきます。

１．園内での勉強会を意図した研修

マニュアルを例にあげて、園内での勉強会を意図した研修を考えてみましょう。

危機管理マニュアルは、各職員が熟読すべきものですが、そのうえで園内において研修として今一度読み合わせを行いながら、机上でシミュレーションをしておくことが重要です。研修では、その机上のものを必要に応じて防災訓練や不審者対策訓練などの計画につなげることで、実際に園全体でシミュレーションを行うきっかけとなります。「訓練をしなければならないからその計画を立てる」のではなく「マニュアルに従って行動するときに実際に行ってみないとわからない部分を明らかにするためにその計画を立てる」といった考え方が筋です。よりマニュアルへの理解につながるはずです。衛生管理マニュアルやその他のマニュアルについても同様の考え方が当てはまります。

2．専門的知識・技術を深めることを意図した研修

　大学教員や地元の有識者などを招いて、専門的知識・技術を学ぶ機会を設けることも大切です。日頃の保育のなかで疑問に思うこと、課題となっていることについて、その解決方法を学ぶということです。もちろん園外の研修会に参加することも一つの手段となります。

3．園が主体的に研究を行うことを意図した研修

　園の保育を省察するべく、あるいはそのすばらしい保育実践内容を提言すべく、研究会を園内で発足しそれを運営していくことも園内研修として有用です。この場合も大学教員や有識者を指導・助言者として招いて行うことが有用です。

❸ 園のコンプライアンス

　人は社会を生きていくうえで、当然守らなければならないルールがあります。他者にとって迷惑になるような行為はマナー違反となり、それがひどいときには法律違反となり懲罰を受けることとなります。社会と同じように、園にも当然守らなければならないルールがあります。そのルールを守ることがコンプライアンスを徹底するということです。

　園で当然守らなければならない事項を具体的にあげていくなら、就業規則や経理規程に従った行動を行うこと、働いていくうえで知り得た事項を外部に漏らさないこと、ほかの職員が不快になるような態度をとらないことなど、実に多岐にわたります。つまりはコンプライアンスを徹底する意識を日頃から全職員が強く認識しておくことが重要であるということです。単純にいえば不快に思うこと、悪いことをしなければよいということです。

　そのなかでも、園長やそれに準ずる者が気をつけるべきことをあえていくつかあげておくと、ほかの職員の就業時間をしっかりと管理すること、ほかの職員へ高圧的な言動をとらないこと（パワーハラスメント）、保護者への種々の説明責任を果たすことなどが考えられます。また保育者が気をつけるべきことは、子どもの個人情報を徹底管理すること（個人記録の保管場所、記録を作成する場所、写真の管理など、園の指示に従いそれを遵守する）、ほかの職員が不快になる言動をとらないことなどが考えられます。

❹ 園の IT 化

　保育者の勤怠管理、給与システム、保護者と子どもの登降園管理など、園の IT 化はすでにあらゆるところですすんでいます。園バスの運行状況を保護者のスマートフォンから確認できるシステムもあります。これからは園の保育計画や日誌もパソコンやスマートフォン、タブレットを用いて作成することも行われていきます。

　園運営側にはそのインフラを整えていくことが求められます。具体的には保育者一人ひとりにタブレットを貸与することや、それが難しければ個人が所有するスマートフォンを利用したシステムの開発が求められます。後者については、三幸学園において「ももいくナビ」というアプリが開発されています（図表 3 − 6）。こういったアプリを個人所有のスマートフォンやタブレットにダウンロードし活用を促すことも一つの手段です。ただしこの場合には、ウイルス対策やダウンロード時の Wi-Fi 環境の提供などが園運営側に求められる場合もあります。

　利用する側にはその作成されたファイルやそれに準ずる情報を適切に管理すること、またその能力が求められます。こういった常識や能力はこれまでの生活環境や学校などで学ぶ機会が随時あったはずですが、園運営側はその教育にも力を注ぐ必要があるかもしれません。

図表 3 − 6　園の IT 化の実例

 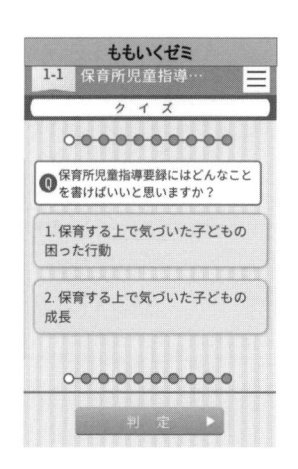

「ももいくナビ」保育に関する専門的知識・技術をわかりやすくスマートフォンなどで知ることができます。日誌等の文例、子どもと一緒にできる制作物なども掲載されています。

「ももいくゼミ」現役の保育者、復職を考えている方に向けて、分野別にクイズ形式で学ぶことができるサイトです。新任保育者、中堅保育者、園長、それぞれに対応した学びを提供しています。

（6）運営の実際

園長先生はどんなことをしているのかな……

園長先生になったつもりで、学んでいきましょう

❶　園の責任者としての視点から

　園長は日頃のニュースに敏感でなければなりません。たとえば、こんなニュースがテレビやラジオ、ネットニュースなどで報道されたとします[1]。

> あるマラソン大会で、競技者の多くが突然現れたスズメバチの集団に襲われました。全員幸い軽傷ですみましたが、なぜ急にスズメバチが襲ってきたかは現在調査中です。

　日頃、さまざまなニュースが日本社会を飛び交います。その多くの情報に対して園長であるあなたは自身のアンテナをしっかりと立てておく必要があります。さあ、このニュースを聞いてまず何をしますか。一つの答えは「自園の周辺を見回る」ことです。園を見回り、ハチの巣がないかチェックします。さらには、引き続き情報を仕入れるということも大切です。実はこのニュースには続きがあります。

> スズメバチは橋の下に巣をつくっていて、橋を走る競技者たちの振動に反応して襲ってきたということでした。

　こんなことは知っていたという人もいるかもしれません。ここで押さえてほしいことは、日頃のニュースを自身の身の上に置き換えて、必要な場合はその対応を行うということです。蛇足ですが、このニュースをきっかけにハチに刺された場合の応急処置などを見直すこともできます。

　次に、園長は自園の危機管理に努めなければなりません。園で何

★1：2016年9月11日に岐阜県飛騨市で行われたマラソン大会で実際に起こった出来事である。

かの事故や事件があったとき、矢面に立つのは園長であるあなたです。保護者や自園の保育者への説明に追われることになるかもしれないですし、マスコミの対応にも追われることとなるかもしれません。そうなる前に園で想定できるさまざまな危険についてシミュレーションしておく必要があります。それが火災や地震であれば避難訓練となります。危機管理マニュアルにさまざまな危険を想定した対応策が記されています。今一度しっかりとマニュアルを見直すべきです。

また、経営者ではなく運営責任者としての園長であると自覚することも大切です。つまり、園長とは経営ではなく運営に責任がある立場なのです。昔から地域に根付いている私立保育所、幼稚園などは経営責任者と運営責任者、つまりは理事長と園長が同一人物であることが多々あります。しかしながら大きな法人は違います。経営責任者は法人理事長[2]であり、運営責任者はそれぞれの園の園長です。経営責任者である理事長の方針に運営責任者である園長は従う必要があると自覚してください[3]。

ただし、保育者としての実践は、地域の実態や子どものニーズに合わせて、園長が法人の方針を遵守しながら構想していきます。

❷ 保育者としての視点から

園長は保育者でなければなりません。まず園長は自園の保育者たちの保育者としてのモデルの役割も果たすことになります。園長はまさに保育者にとって憧れを形成するモデルです。そのためには自身の立ち居ふるまいはもちろん、仕事のすすめ方、リーダーシップのとり方、その他保育者にとって園長がどのように見えているかをあらためて再考すべきです。

次に園長は一人の保育者として子どもたちの前に存在しなければなりません。（多くはいないと思いますが）出勤から退勤までの間、子どもと関わる時間がないほど忙しい、そんなときこそ保育者としての園長を意識すべきです。最近、子どもと関わったなかで楽しかったエピソードは何ですか。子どもたちとの関わりはまわりの保育者たちにとって園長を知る機会となります。憧れを形成するきっかけともなり得ます。

★2：理事長の権限移譲を受けた者がその責任者となることもある。
★3：もちろん、さまざまな会議・委員会などで意見交換、議論を行ったうえで従う必要がある。

❸ よい園長・よくない園長 —— めざしたいモデル

　園長の業務には時に想像を絶するせわしなさに追いかけ回される
ような、そんな思いに苛まれることも正直あります。しかしながら、
そんなときでもよい園長としてめざしたいモデルを意識しながら働
くこと、それが自園の保育者にとっても、保護者にとっても、さら
には子どもたちにとってもよい影響を与えていることを知っておき
たいものです。

1．ひまそうな園長 !?

　忙しいときこそ "（誤解を恐れずいえば）ひまそうな園長" とし
て存在することが大切です。その姿が園に関わる人々（保育者、保
護者、子どもたち、出入りする業者など）にとってはいつでも話し
かけやすい雰囲気をつくります。園長が忙しくないと思っている人
間は誰一人いません。日頃「忙しい、忙しい……」と言っている園
長には人は近寄りにくくなるでしょう。意外とこのパターンに陥る
園長は多いものです。

2．エピソードを共有する

　よい園長は園と関わる人々と楽しかったエピソードを共有するこ
とを大切にします。楽しかったエピソードは子どもたちと関わるな
かで多く得られます。今一度ききます。子どもや保育者、そして保
護者と関わったなかで最近楽しかったエピソードは何ですか。たく
さん思い出して、時には記録をしてそれを関係する人々とぜひ共有
してください。その共有する姿こそまさによい園長であるというこ
とができます。

3．保育者の仕事ぶりに目を配る

　子どもをとおしてほかの保育者の仕事ぶりを知ることもできま
す。さらにはその仕事ぶりを褒めることもとても大切です。褒めた
あとにアドバイスを付け加えるとなお効果的です。たとえば、園長
が窓飾りの変化に気づいてそれに感謝をするといったようなことで
す。その変化に気づかないくらい、日頃忙しいと思っている時点で、
保育者にとっては園長にさらには園長職に魅力を感じることがなく
なるでしょう。

　また、多くの園長が実践していることとは思いますが、率先して
掃除や後片づけなどを行う姿を見せるということも大切かもしれま
せん。いつもいつでもというわけではありません。筆者の知ってい
る園長は朝のトイレ掃除を行うことをルーティンにしています。そ

の園長は職員用のトイレだけこのうえなくきれいにしてから園長としての仕事に取りかかります。その姿をたびたび見ている職員からは「さすがにきれいに使うしかない」「ほかのトイレ（子どもの）をそれ以上にきれいにしないと……」などの声が聞こえてきているそうです。

　先述しましたが、よかれあしかれ園長の姿はほかの職員にとってモデルとなり得ます。見方を変えれば、その姿はほかの職員にとって自分自身が最低限ならなければならないモデルとして認識されているということもできます。

（7）主任保育者としてのマネジメント

主任保育者は、マネジメントについて知っていることが大切なんだね

ここで、ミドルマネジメント理論を学んで、主任保育者の動き方を知りましょう

看護系の大学では「看護管理学」という授業が開講されています。これは部下や同僚をマネジメントできる能力が現場では求められているからです。そして保育においても「保育士等キャリアアップ研修」のなかでマネジメントに関連する内容が取り上げられています。

主任は一保育者として（プレイヤーとして）活動するのではなく、同僚や若手、新人の特徴（強みや弱み）をとらえ、個々人の特徴が最大限生かせるようにすることが求められます。そのなかで次の主任になる人材を育てます。就業継続という視点では、難題ですが適任がいない、ではなく、適任を育てるという意識が大切です。

❶ メンターとしての役割

メンターとは主に若手に対して職務上の助言や支援をする存在です。内容としては園での働き方や園の文化など、勤務園に関するものから、保育者としての専門性や有効性など保育者という職種に対するものなど多岐にわたります。経験の浅い保育者には自身の経験や最新の保育の知識を踏まえながら助言をし、保育者としてのキャリアが不透明な保育者にとっては、ビジョンを聞き出しそれに対して助言を行います。時には自身をキャリアモデルにしてもらうなどの方法でキャリア支援をするなど重要な存在です。Aさん（若手）のメンターはBさん（先輩）というような1対1のメンター機能もあれば、Cさん（若手）とDさん（若手）のメンターはEさんというような1対複数もあります。主任としては1対複数の関係性のメンター機能になりますが、理想はほかの保育者も巻き込み1人の保育者に対して複数保育者がメンターになるような環境が望まれます（図表3-7）。

図表3－7　メンター機能

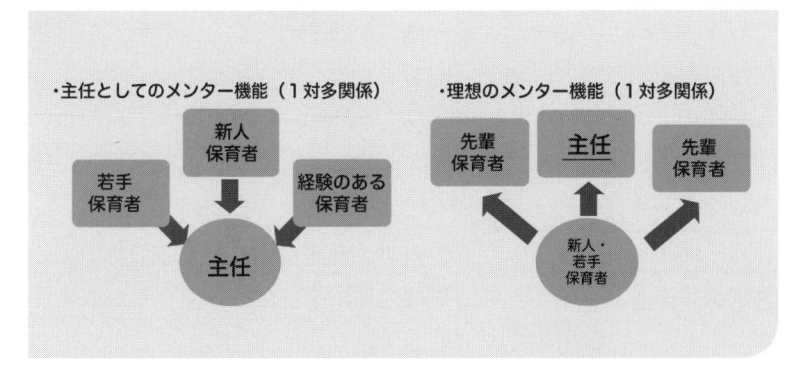

❷ 柔軟に対応できる力を育む OODA の視点

　園（組織）の規模が大きくなればなるほど、組織として柔軟な意思決定ができにくくなります。OODA[1] とは観察 (Observation)、情勢判断 (Orientation)、決定 (Decision)[2]、行動 (Action) から成り立つ意思決定の方法です（図表3－8、3－9）。情勢や環境の変化が激しい分野ではこの OODA による計画や意思決定が望ましいとされています。たとえば、少し経営者よりの観点になりますが園の経営方針などです。観察は主観ならずみずからの考え、計画にも固執せず、客観的に観察するということです。そして観察した結果やそれに関わる新しい情報、これまでの経験を踏まえ、情勢判断し、行動を方向付け（計画案など）、決定、行動します。

　この一連の過程は次の観察や新たな情報としての対象となります。たとえば実習生の個々人の実習計画などはこの OODA の視点で実践してみてはどうでしょうか？　実習生と保育者や子どもの様子を観察し、これまでの経験や学校からの情報をもとに実習に取

図表3－8　PDCA サイクル[3]　　**図表3－9　OODA ループ図[3]**

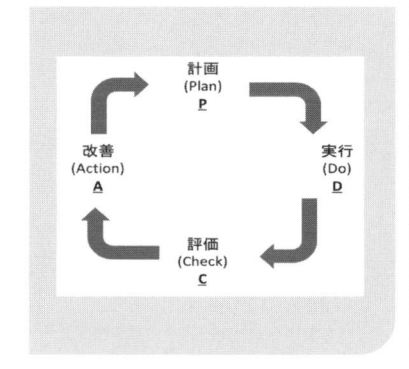　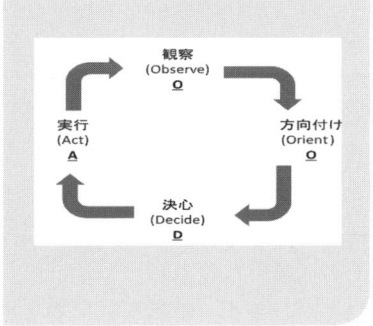

★1：PDCA に代わって業務管理・計画の場面でも用いられています。
★2：O から D のスピーディーさが重要です。
★3：『米軍式 人を動かすマネジメント──「先の見えない戦い」を勝ち抜く D-OODA 経営』（田中靖浩、日本経済新聞出版社、2016 年）

り組んでもらいます。当初は実習期間中に各年齢の子どもを経験してもらうという決定をし、その後、配属されたクラスの担任から新たな情報を取り入れ、状況に応じて、○○歳児に少し多く関わってもらうなど、当初の計画から変更するといった具合です。さらにOODAは個人が行動する基準★4ともなります。危機管理などの場面で園長や主任からの指示を仰ぐことが難しい状況では、観察し、経験と情報をもとに指示を待つのか、みずから行動するのかの意思決定をします。日頃からある程度の権限を与えておくことが大切です。結果として臨機応変な対応ができ、適任者を育てることにもつながります。

❸ ミドル・マネジャーとしての役割

　主任は園長あるいは理事長などのトップからの指示をほかの保育者が実施できるようにする立場です。そのようなミドル・マネジャーとしていくつかの役割があります。1つ目は園長代理として会議や式典などに出席することや、訪ねてきた要人の対応をすることがあります。すなわち園を代表する立場を担うことがあるわけです。2つ目はリーダーとして責任を負うということです。ですので、ほかの保育者を教育する責任もあります。3つ目は園内の人間や外部の人間と関係性（ネットワーク）を築くということです。ネットワークは、仕事上のネットワーク (Operational Networking)、個人的なネットワーク (Personal Networking)、戦略上のネットワーク (Strategic Networking) の3種類に分けられます。仕事上のネットワークとは園内の業務に関するネットワークです。園内の仕事をはかどらせるのに役立ちますが、特定の人とネットワークを築き続けると問題が起こりやすくなります。大きな組織（園）ほど注意が必要です。ネットワークを構成する人は同じ園に勤める人ですので、特に信頼関係が大切になります。個人的なネットワークは自分の成長を促すネットワークです。ネットワークを構成する人は基本的には外部の人です。学友、趣味・サークルの仲間などがそれにあたります。視野を広げるという意味合いが含まれます。たとえば違う園に勤める同級生の保育者と会うということもほかの園を知り、視野を広げるという意味では重要です。ましてやその同級生の同僚や上司にあたる人物を紹介されたときは自分を成長させるチャンスでもあります。戦略上のネットワークとは業界の新たな方向性に気

★4：OODAの背景として戦場で兵士が作戦にとらわれずに状況に応じた行動をとるというのがもととなっています。

づき、それに必要な関係者を集められるネットワークです。ほとんどは外部の人で構成されます。このネットワークを構築するには時間とエネルギーが必要です。なぜならネットワークを築こうとする人に対する権限や影響力を自分と比較し考慮する必要があるからです。ネットワークを築くことで、特に外部の人間の関係を築くことで情報を入手しやすくなり、そこから得られた情報を園内で共有できるようにするのも主任の役割です。この情報にはたとえば、「制度が変わりそうだ」という憶測にすぎない情報も含まれています。OODAでもありましたが、情報は大切です。憶測を精査していけるネットワークも必要です。これ以外にもほかの保育者では対応できない保護者対応やシフト作成などの時間や書類などの期日管理、園によっては経営に関わる会議への出席を求められることもあります。

このほかにも、状況に応じてトップダウンやボトムアップをコントロール★5するミドル・アップ・ダウンマネジメントや性差、年齢、学歴などを含めたダイバーシティ（多様性）マネジメントなど、主任として取り組むべきマネジメントは多くあります。

❹ 若手や同僚に何を求める？

なって間もない主任や、行事などで思うように職場全体で仕事に取り組めない状況に陥りやすい主任は、若手や同僚に何を求めているのでしょうか？

図表3－10の文面を読み、全体の重要度を100％としてチームメンバーに求める資質ごとに振り分けてみましょう。正解はありません。その数字に振り分けた理由も考えるとよいでしょう。

図表3－10 チームメンバーに求める資質は何か★6

求める資質	説明	重要度
実務能力	仕事をうまくこなすための専門性と経験を有する。	
信頼性	隠し立てをせず、約束を最後まで果たす人物だと信頼できる。	
熱意	燃え尽きたり、やる気を失くしたりせず、正しい態度で仕事に臨む。	
対人能力	チームメイトと良好な関係を築き、協働を支える。	
集中力	わき目を振らず、優先順位を決めてそれをやり遂げる。	
判断力	重圧下や、大義のために犠牲を求められる状況で特に、良識を発揮する。	
全体		100％

★5：トップダウン、ボトムアップを両立させること。
★6：「メンバーを変えずにチームで変革を進める法」（マイケル D. ワトキンス、有賀裕子訳『Harvard Business Review』12月号、2016年、p.66）

（8）主任保育者としてのリーダーシップ

主任には保育者のリーダーとして動くことが大切なんだね

リーダーとして、主任が何をしたらいいのかを学んでいきましょう

❶ 保育の場におけるリーダーシップとは

　園における主任の役割と機能について、具体的な仕事内容をもとに考えます。主任には人と人を「つなぐ」、保育の内容を「深める」、保育の質を「高める」ことが求められます。実際に保育に携わっている方が多いと思いますが、「実践者」としての強みをもとに、主任としての役割を考えましょう。

　リーダーシップというと、強く集団を引っぱっていくイメージがありますが、活動の領域によって、リーダーシップの機能と役割にも特徴があることが研究されてきています。

　一般的には、リーダーシップは「集団の目標を達成しようとするときに、ある個人がほかのメンバーや集団全体の活動に影響を及ぼす過程」をいい、リーダーとは「集団のなかで相対的に影響力が強く中心的な役割を果たすメンバー」のことをいいます。

　子ども集団のなかでも、アイディアを出したり、友だちを誘ったり、遊びの方向を示していくような子どもがいたり、虫博士のように内容を深める役割になって遊ぶ姿がみられます。

　最近のリーダーシップの研究では、保育の領域でのリーダーシップには[1]、階層的なものもありますが、「協働的で、関係性の上になりたつこと、さまざまな場面で発揮されること、また共有化や分散化が特徴で小さなコミュニティにおいて発揮できていくものであることが特徴である」と示唆されています。つまり、

①インクルーシブなリーダーシップ

②ケア的なリーダーシップ

③分散型・共有型のリーダーシップ

が保育の領域のリーダーシップの特徴であり、活動に参加するメン

★1：『育み支えあう保育リーダーシップ ── 協働的な学びを生み出すために』(イラム・シラージ、エレーヌ・ハレット、秋田喜代美監訳・解説、鈴木正敏・淀川裕美・佐川早季子訳、明石書店、2017 年)

バーが、場面に応じてリーダーシップを発揮することが求められています。

この3つのリーダーシップは、チーム保育の役割と共通性があり、①は園全体の職員チーム、②はクラス活動の担任チーム、③は行事や委員会の係チームと対応して考えられるでしょう。

特に主任の保育者は、このどのリーダーシップも発揮できることが期待されています。

❷ 人と人を「つなぐ」役割

園長（施設長）と職員とのパイプ役です。主任は、園長の考えをほかの職員に伝えたり、逆に職員の要望やアイデアを園長に伝えたり、もしくは意見の調整役という役割も果たしています。

【事例1】地域の子育て支援の会を企画するメンバーとして、1歳児担任のF先生と5歳児担任の主任、園長が話し合いを行った。園長は土曜日に父親対象のイベント的な企画を提案。F先生は、まず母親に足を運んでほしいので、身長・体重を測り、離乳食について情報提供したい、との考えを提案した。主任として、まず、ねらいを決め、そのあと内容を考えて対象を決めていきたいことを示し、まずねらいから再確認してすすめることにした。

課題や意見は「もの」ですから、内容に関しては、園長の意見、職員の意見、主任として自分の意見を明確にしていく必要があります。同時に、意見表明をした職員の情緒的な支援にも配慮します。意見を表明したことや資料を用意したことの努力や、積極的に関わろうとする姿勢を認めていきます。主任は職制に関する役割と一緒に働く仲間としての同僚性の両面から、職員に関わる必要があります。

また、職員の変化や悩みを早めに感じ取り、気持ちを聞くなどの職員サポートも主任の役割です。園の体制や職員同士の関係調整を行う場合は、園長と相談して改善していきます。本人の情緒的問題であれば、話を傾聴し、気持ちを支えていきます。具体的にできる事柄を一緒に探すことができると信頼関係も増していきます。

保護者対応は、園長や担任と協力して行います。主任としては、第三者的な視点で客観的に対応する部分と保護者に寄り添う部分とがあり、園長や担任の対応で足りない関わりを補うという点が求められます。家庭の状況把握など、日常的に気配りしていきます。

また、障害のある子どもへの対応などでは、地域の行政機関や専門機関との連携が欠かせませんが、その窓口となり関係をつないでいく役割も、主任が果たすことが多いです。

❸ 保育の内容を「深める」役割

保育の専門家として、保育経験の豊かな保育者として、保育内容に新しい視点を導入したり、情報を収集したりするなど、保育実践を深める役割を担います。子ども理解、指導案作成、遊びの展開等の実践を豊かにするための助言や指導をします。

【事例2】

主任のF先生は、夏休みに受ける研修について考えている。ちょうど、キャリアパス研修[2]のお知らせが来たので、内容を確認した。「乳児保育（主に0歳から3歳未満児向けの保育内容）」「幼児教育（主に3歳以上児向けの保育内容）」「障害児保育」「食育・アレルギー対応」「保健衛生・安全対策」「保護者支援・子育て支援」の6つの専門的な講座と「マネジメント」「保育実践」の講座があった。

主任としてもこのような内容について、しっかり理解し、ほかの職員にも説明できるようにならなければ、と思った。園のマネジメントがあまり得意ではないので、そのあたりから勉強しなおそうと考えた。

❹ 保育の質を「高める」役割

職員を管理・教育・鼓舞する役割も担うことが、主任保育者の職務です。新しい保育を取り入れたりして日常的に自己研鑽し、保育所の保育の質を見直したり、新しい提案をするという役割があります。保育所として統一した保育理念を共有・理解することも大切ですので、「保育所としての私たちの保育のあり方」についても研修や会議を通じて、職員と確認していきましょう。

「保育所保育指針」では、「保育所においては、当該保育所における保育の課題や各職員のキャリアパス等も見据えて、初任者から管理職員までの職位や職務内容等を踏まえた体系的な研修計画を作成しなければならない」としています。内部研修でリーダシップをとり、事例研究など現場に即して必要な企画をしていきます。

★2：「保育士等キャリアアップ研修の実施について」「保育士等キャリアアップ研修ガイドライン」（厚生労働省、2017年）

❺ 主任に求められるマネジメント

マネジメントの具体例としては、次のような内容が考えられます[3]。

①シフトや休暇などの「労務」に関すること

②法や条例、改正、新制度、ガイドラインなど「情報」に関すること

③情報共有、ファイリング、文書作成など「文書」に関すること、また、ITC の活用など

④他機関や地域との連携や協働、事業の企画など「連携・協働」に関すること

⑤第三者評価、苦情解決、クレーム対応、保護者面談など、「サービスの質向上」に関すること

⑥保育実習への対応

保育のほかにも園の運営に関することが、職務として考えられます。事務的な職務も多いので、ほかの職員とも報告・相談しながら、職員が仕事をしやすいようにサポートします。

★3：公務員研修における主任クラスの研修の内容より。

（1）地域子育て支援

> 保育者は自分の園に通ってない家族への支援もするんだね

> 保育所や幼稚園、こども園が、地域の役に立つ組織になることが必要なのよ

❶ 保育所や幼稚園、認定こども園の機能の開放

　子育て中の家族は、核家族が多く、親や親戚が近くにいるわけではなく、近隣の住民との人間関係もあまりない場合があります。頼る人もない環境で、親として子どもにどう対応してよいかわからないという人が増えているのが実態です。親としての役割を身につけていく環境が地域や家庭にないといえます。こんな時代ですから、保育所や幼稚園、認定こども園に通っていない子どもとその家族の資源となって、子育ての方法を園で体験し、実際に保育の様子を見たりできるようにしていくことが求められています。

❷ 保育所や幼稚園、認定こども園の子育て支援機能

　保育所や幼稚園、認定こども園には、家庭へのその機能の開放（施設および設備の開放、体験保育など）のほか、子育てなどに関する相談や援助の実施、子育て家庭の交流の場の提供および交流の促進、地域の子育て支援に関する情報の提供、地域の子どもの安全・危機管理の予防的取り組みなどが求められています。

　保育所や幼稚園、認定こども園は平常時だけではなく、災害時なども含め、地域と連携して子どもの生命・生活を守り、保護者の就労と自己実現を支える社会的使命を有しています。また、子どもが被害者になる事件も増えています。子どもを見守る目を増やし、子どもを地域で守り育てるための活動が保育所や幼稚園、認定こども園にも求められているといえます。

❸ 子育て支援のひろばの機能

　地域子育て支援[1]では、未就園の親子がすごすひろばが人気です。

★1：地域子育て支援拠点事業においては、交流、相談、情報提供、研修の4つの機能が求められている。

ひろばに必要な機能を確認しましょう。

①保護者と近隣社会との間の安全基地

安心してゆっくり過ごすことでもやもや感や緊張感が緩和されます。

②社会資源と家族の架け橋

社会資源とつながるとともに、互いが社会資源になって支えあえます。

③子育ての危機管理

子育て中の保護者の悩みや不安に、対応します。

④保護者の社会観と福祉観の醸成

わが子だけではなく、ほかの子のことも考え、協力し合うような雰囲気をつくります。

❹ 子育て支援における保育者の役割

地域子育て支援に取り組む保育者は以下の役割を担っています。

①孤立感の払拭

保育者は保護者が「自分は一人ではない」と感じられる心地よい雰囲気づくりに努めます。

②はじめての経験への誘導

保育者は子ども個々の発達を見極め、適切な玩具や絵本、環境を提供し、はじめての経験に踏み出す手伝いをします。

③気づかないストレスへの対応

自分でも気づかないストレスをためこんでいる保護者もいます。「がんばらなくても大丈夫」というメッセージを送りましょう。

④異年齢児との関わりの促進

少し月例や年齢が違う子どもとの関わりがスムーズにいくように保護者同士の間をつなぎましょう。

⑤気がかりなことへの対応

心配事にはゆっくりと保護者に話してもらいながら、保護者自身が解決する道筋をつくります。

⑥環境に視点を置いた支援

保護者が社会資源にアクセスできることが子育ての安心感を大きくします。エコマップを使ったり、情報提供したりして、地域の資源を紹介し、実際に保護者が使えるように支援しましょう。

（2）児童虐待

子どもを児童虐待から守ることも保育者の役割なんだね

児童虐待には、予防と早期発見が大事なのよ

　児童相談所における児童虐待の相談件数は増加の一途をたどっています。子どもと関わる機関や人は、常に児童虐待の予防と早期発見に努めるとともに、発見した場合に適切な対処をしていくことが求められています。保育者として常に子どもやその家庭環境にも注意を払いながら、子どもの健やかな成長を阻害する児童虐待にむき合い対処する必要があります。

❶ 子どもと児童虐待

　子どもは、自分の意見を主張したり思いを伝えたりすることがうまくできません。また、大人に依存し、保護を必要とする時期を過ごしています。家庭は本来安心で安全な場所であるべきですが、児童虐待はその家庭のなかで発生し、子どもの親が虐待者になることが多いのです。子どもは、自分の置かれている状況を伝えることがうまくできず、最も愛情を受けるべき親からの虐待によって心身に深い傷を負ってしまいます。

　だからこそ、保育者は子どもの権利を尊重し、擁護する姿勢を持たねばなりません。日々の保育をとおして子どもの健やかな成長を保障するとともに、保護者に対する支援もしていかなければなりません。虐待の発見とその対応は、保育施設の重要な役割になっています。

　児童虐待については、2000年5月に「児童虐待の防止等に関する法律（児童虐待防止法）」が成立して以降、さまざまな対策がとられています。しかしながら、児童相談所における児童虐待に関する相談受理件数は年々増加の一途をたどっています[1]。「児童虐待防止法」では、虐待は子どもの「著しい人権侵害」としており、「虐

★1：1990年に統計を取り始めてから年々増加の一途をたどっており、2017年度は12万件を超えた。

待を受けたと思われる児童」を発見した場合には通告する義務があります[2]。保育に携わる立場として、常に子どもの権利を守る視点を持ち、児童虐待に対して適切に対処できるようにしておく必要があります。

❷ 児童虐待の早期発見

　児童虐待の要因は１つではなく、複数の要因によって生じることが多いです。以下の図表３－11は、虐待の要因をそれぞれ親、子ども、家族などに分けてまとめたものです。

　子どもの家族構成や保護者と接するなかで見えてくる虐待のリスクを把握しておくことも必要です。児童虐待は日々の保護者との関わりのなかで予防に努めることが求められます。また、できる限り早期に発見し、対応することが重要です。それには、子どもや保護者にみられる小さなサインを見逃さないことです。次ページの図表３－12、３－13は、虐待が疑われる様子を示したものです。

図表３－11　虐待に至るおそれのある要因[3]

親の要因	・望まない妊娠　・若年の妊娠　・親自身の被虐待体験 ・子どもへの愛着形成が不十分（早産、子どもの長期入院など） ・マタニティブルーズ、産後うつ病による精神不安定 ・パーソナリティの障害　・育児不安（親が未熟、知識不足など） ・精神障害、知的障害、薬物やアルコール依存 ・体罰容認、暴力的な傾向がある ・特異な育児観、脅迫的な育児、子どもの発達を無視した過度な 　要求がある　・日常的にストレスのある生活をしている
子どもの要因	・未熟児　　・乳児期　　・障害がある　　・病気、虚弱 ・育てにくい子（かんしゃくもち、夜泣き）
家族を取り巻く要因	・保護者が不安定な生活をしている（就労、転職など） ・不安定な夫婦関係　・DVがある　　・転居が多い ・経済的不安（失業、低賃金など）・親族や地域からの孤立 ・内縁関係者や同居人がいる　・子連れの再婚家庭
その他	・母子手帳未交付　・未届け妊娠　・妊婦健康診査未受診 ・乳幼児健診未受診　・飛び込み出産 ・医師や助産師をともなわない自宅分娩　　・きょうだいに被虐 　待児がいる　・関係機関の支援を拒否する

★２：「児童虐待防止法」第６条「児童虐待を受けたと思われる児童を発見した者は、（中略）市町村、都道府県の設置する福祉事務所若しくは児童相談所（中略）に通告しなければならない」
★３：「子ども虐待対応の手引き」（厚生労働省、2013年）、「子ども虐待防止ハンドブック」（横浜市、2015年）より作成。

図表3−12　子どもの様子★4

身体的な変化	・不自然な傷や同じような傷が多い。 ・原因のはっきりしないけがをする。 ・治療していない傷がある。けがをしても手当てが十分でない。 ・身長や体重の増加が悪い。 ・虫歯が多い。
表情	・表情や反応が乏しく笑顔が少ない。 ・おびえた泣き方をする。 ・養育者（保護者）と離れると安心した表情になる。 ・落ち着きがなく、警戒心が強い。
行動	・身体的接触を異常に怖がる。 ・衣服を脱ぐときに異常な不安を見せる。 ・不自然な時間に徘徊が多い。
他者との 関わり	・他者とうまくかかわれない。 ・他者に対して乱暴である。 ・保護者が迎えに来ても帰りたがらない。 ・他者との身体接触を異常に怖がる。
生活の様子	・衣服や身体がいつも不潔である。 ・基本的な生活習慣が身についていない。 ・給食をむさぼり食べる。必要以上に食べる。 ・予防接種や健康診断を受けていない。 ・年齢に不相応な性的な言動がみられる。 ・怒鳴り声や泣き声が頻繁に聞こえる。

図表3−13　保護者の様子★4

子どもへの 関わり方	・子どもに対しての態度や言葉が否定的。 ・子どもの扱いが乱暴。 ・子どもに対して冷淡。 ・きょうだいに対して差別的扱いをする。 ・しつけと称して暴言や暴力がある。 ・子どもを置いたまま出かける。 ・子どもがけがをした経緯や通院受診について不自然な説明をする。 ・登園・登校させない。
他者への 関わり方	・他者に対して否定的な態度である。 ・他者との関係がもてない。 ・保育者との会話を避けている。 ・説明の内容が曖昧でよく変わる。何が真実かわからない。 ・子どもに対する他者の意見に被害的もしくは攻撃的になる。
生活の様子	・地域の交流がなく孤立している。 ・不衛生な生活環境である。 ・夫婦関係や経済状態が悪い。 ・夫婦間の暴力がある（面前DV）。
保護者自身に ついて	・ひどく疲れているように見える。 ・精神状態が不安定。 ・気分の変動が激しく、思い通りにならないと子どもに当たり散らす。 ・性格的に被害妄想的、偏った思い込みをする、衝動的、大人として未成熟である。 ・連絡がとりにくい。 ・支援者の関わりや連絡を拒否する。

144

★4：「子どもと親をはぐくむために：保育現場ですぐに活用できる「児童虐待防止ハンドブック」（神奈川県保健福祉部子ども家庭課、2007年）、「横浜市子ども虐待防止ハンドブック」（横浜市こども青少年局こども家庭課、2015年）より作成。

❸ 虐待への対応

　保育者は、家族を見守る日常の援助者であることから、虐待の第一発見者になる場合もあります。また、虐待発見とその対応に対して大きな役割を担っていることになります。子どもや保護者の状況によって、見守りと他機関との連携という2つの点が重要です。

1. 虐待に気づき、関わる

　子どもの様子や親子関係など、さまざまな場面でよく観察しましょう。まずは気づくことが重要です。虐待が疑われる場合は、特定の保育者一人だけが見るのではなく、園内で連携して見守ることが大切です。

　また、子どもの気持ちに配慮しながら家族の様子を聞いたり、家族と話す機会を増やしたりして関わりを大切にし、母親だけでなく父親や祖父母などとも話せる関係をつくるようにします。その際、家族を非難したり注意したりするのではなく、まずは話を聞くことが大切です。保護者と信頼関係を築くには、受容する姿勢で対応し、話しやすい関係を築きましょう。そして、担任と主任・園長を中心として情報の集約ができる体制をつくりましょう。

　気づきは援助の第一歩です。虐待が疑われ、気になる家庭に対しては、保護者へのアドバイスで問題が解決することもあります。早期に的確な助言をすることは、虐待防止につながります。保護者が「子育てがつらい」など本音を話せるようであれば、支援がしやすくなります。

2. 虐待の疑いがあれば児童相談所または、市区町村に通告する

　虐待が疑われる場合は児童相談所または市区町村の担当窓口などに通告をします。常日頃から子どもの様子や家族の状況などの情報を集めてアセスメント（事前評価）を行い、記録をとっておく必要があります。虐待が疑われる身体の傷などは写真を撮っておきます。

　通告する場合は一人で判断せず、複数で確認し、園内で協議してすすめます。日頃から、トラブルなどに対して個人でなく保育現場としてチームで対応するよう体制を整えておく必要があります。その体制がしっかり整っていれば、特定の担当保育者に負担感がかかることなくすすめられるでしょう。次ページの図表3−14は、虐待の疑いから通告後の支援援助の流れを示しています。

図表3－14 保育施設における虐待の疑いから支援の流れ★5

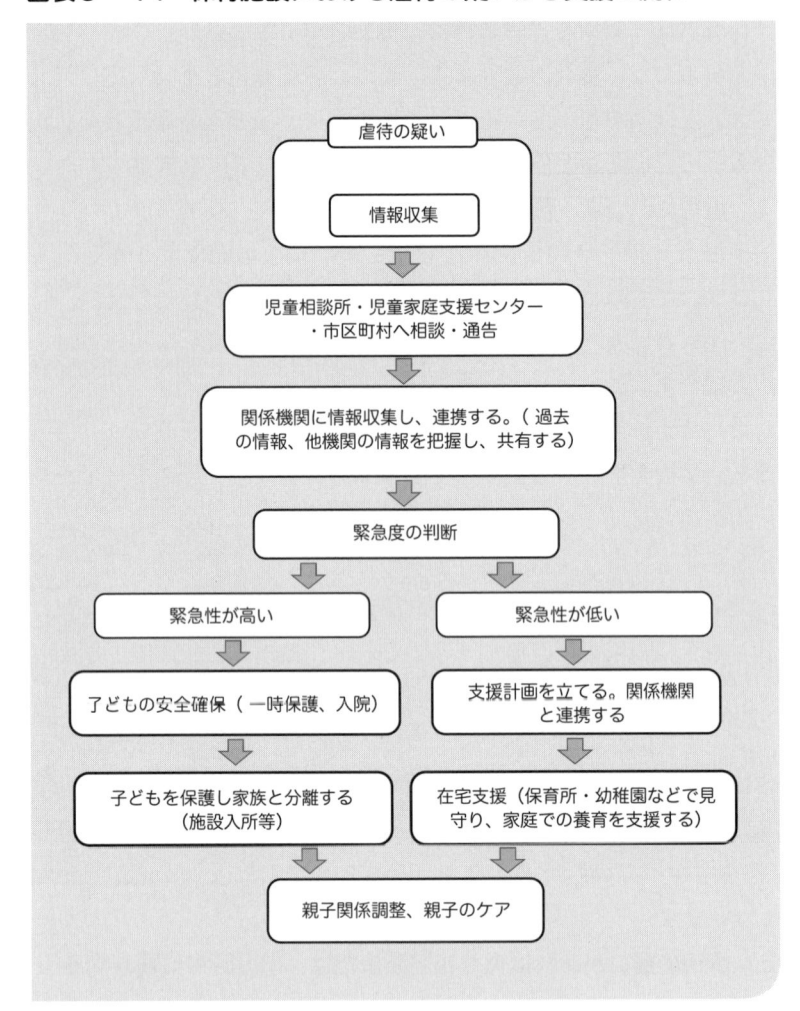

3．他機関との連携のなかで子どもと家族を支援する

　不適切な養育はあるが児童相談所などに通告するほどではない場合は、保育施設で見守っていくことになりますが、地域の民生・児童委員や保健センターなどと連携をとっていくことも有効です。

　児童相談所に通告したあと、緊急性がなければ児童相談所と連携しながら園としてできる支援をしていきます。保護者のなかには、「勝手に児童相談所に連絡をした」などと憤りを園にぶつけてくる方もいるかもしれません。保護者が納得できるよう、その言い分を受け止めながら他機関と連携して対処する必要があります。虐待が疑われるケースへの支援は、園だけでは限界があるため、関係機関

★5：「研究紀要 No.1 子ども虐待保育者のとりくみ——予防、発見、対応」（大阪保育子育て人権情報研究センター、2007年、p.97）より作成。

や関係者との共通理解のもとに、さまざまな方向からの支援を展開することになります。連携をとる場合には、どこがどのような役割を担うのかを明確にする必要があります。それぞれの専門性を尊重しながら、どこがリーダーシップをとるのかをはっきりさせて、一貫性をもった支援をすることが求められます。

児童虐待については、市区町村に設置されている要保護児童対策地域協議会を活用し、見守りと虐待対応を充実させることも必要でしょう。

❹ 園内の協力体制と守秘義務

自分のクラスで「もしかしたら、これって虐待では？」という子どもがいたら、一人で抱え込むのではなく、保育施設全体で取り組むようにします。子ども自身にも行動上の問題があったり、保護者や家族関係にさまざまな困難を抱えていたりするため、簡単に解決できないことも多く、長期にわたり支援をしていく必要があります。担任など一番関わらなければならない立場になると、疲弊したり悩んだりすることもあるでしょう。ストレスのかかることでもあります。保育者がきつくならないためには、チームとして理解され支持されているという実感が重要です。園長や主任はスーパーバイザーとしての機能を果たすことが求められます。また、ケース会議を開いて関わり方を全体で共有していくことも重要です。

一人で抱え込まずチームで対応することがとても大切であるため、情報共有をしなければなりませんが、その際、守秘義務を守ることが大前提です。子どもや家族に関する多くの情報を知ることになりますが、共通した業務にあたる専門職同士の間であれば守秘義務違反にはなりません。適切な情報共有をしながら虐待への対応をしていきましょう。他機関との連携においても、支援するという観点からの情報共有は守秘義務違反になりませんが、それ以外の目的で情報を漏らすことは専門職としての倫理に抵触することとなるので、特に気をつける必要があります。

（3）関係機関との連携

関係機関と保育所や幼稚園、認定こども園が協力し合うことが大切なんだね

保育所や幼稚園、認定こども園が困ったときにも、ふだんからの連携が役に立つのよ

❶ 保育所や幼稚園、認定こども園の関係機関

　保育所や幼稚園が地域で関係する機関は、以下のように多様です。

1．行政関係機関

　役所の窓口は子育てに困る保護者が相談に行ける場所で、保育・福祉の幅広い情報が得られます。園が児童相談所のような高度な専門機関のほか、子育て支援センターのように身近な支援の場と関わっていれば、自然と地域のグループや家庭の様子が伝わってきます。

2．福祉施設

　同じ地域にある児童福祉施設の子どもを保育していることもあるでしょう。園で保育するだけでなく、児童福祉施設のもっている設備や人材を活用させてもらうこともできます。

3．地域の福祉団体など

　自治会はとても大事な連携先です。自治会の行事には積極的に協力しましょう。また、児童委員や主任児童委員は、地域の子どもの福祉を実践する住民ですから、常に関係づくりに努めたいものです。自治会の方や児童委員など、地域住民が、日常的に園にお茶を飲みにくるような関係をもってもいいでしょう。地域の情報が得られますし、園への力強い協力も得られます。

4．小学校

　子どもの育ちの連続性の視点から、小学校と保育所や幼稚園、認定こども園の連携は重要です。保育所や幼稚園、認定こども園から子どもと小学校を訪ねることは、アプローチカリキュラムの一環として行いたい取り組みです。保育所や幼稚園、認定こども園が小学校と一緒に研修会を企画することも、互いの実践を理解し、子どもへの対応に連続性をもたせる基盤となります。

❷ 連携の視点

関係機関と連携するときは以下の 6 点を頭に置きましょう。

1．足し算ではなく掛け算

関係機関と連携することは、相手の機関がもっている機能や情報を使ったり、もらったりするだけではありません。連携することにより思ってもいなかった成果が上がることがあるのです。

2．自園が中心になろうとしない

ほかの機関と連携するときに、意欲的なあまり「うちの園を中心に○○というネットワークをつくろう」という気持ちになることや、逆に協力を依頼されても「うちの園にはメリットがあまりない」と断りたくなることもあります。どちらもその後の地域との連携がうまくいかないことが予想できます。

連携する心構えとしては「協力できることは何か？」と具体的に考えて、小さくても地域に役立つような活動を無理なく継続していくことが求められます。

3．相手の機能を知る

連携を行う前に必要なことは、連携する相手はどのようなことが得意で、どのようなことについて困っているのかをリサーチしておくことです。相手機関が得意なことならこちらは手出しせず、相手機関が苦手とすることでこちらができることについて協力するとよいでしょう。

4．保育所や幼稚園、認定こども園の機能を発揮する

保育所や幼稚園、認定こども園は地域に何ができるでしょうか？保育所や幼稚園、認定こども園には何ができるのかをしっかりと説明し、それを使って他機関と連携すれば、あまり大変でなく、得るものも大きくなります。

5．定期的に連絡をする

連携する相手との日頃からの連絡ルートの確保が重要です。そうすれば、複雑な手続きをせずに相手の情報が入り、ピンポイントで連携できるようになります。今、必要というときに協力ができれば信頼が得られ、こちらへも協力してもらうことができるでしょう。

6．できることから始める

連携で無理をしては続きません。お互いに本務に影響が出ない範囲の時間や労力での連携から始めましょう。ふだんから連携できそうな機関や連携したい事柄を把握しておくことが求められます。

第 **4** 章　現場で役立つ保育力

これからの現場では、どのような保育する力が求められているのでしょう？ここでは、チーム保育の具体的な展開方法、子どもと関わるときのスキル、子どもの将来を見据えた保育計画について学んでいきます。

第 1 節　チーム保育の実際

（1）チーム保育の具体例

ここでは、チーム保育について具体的に学ぶんだね

チーム保育をするためには、第 1 節で学んだ理論が役に立つのよ

第 1 章の第 1 節で述べたチーム保育について、実際に園で行われている事例をあげて、チームの組み方について考えてみましょう。

❶ 職制によるチーム（社会地位的役割チーム）

園に勤務する職員全体のチームの活動。研修や情報共有を通じてお互いの専門性を意識します。職種により役割があり、共通の目的のもとに組織されていきます。

【事例 1 】　園内研修

（ T 1 ）園内研修を行うときには、園の職員全体の研修計画を園長が立てる。年間予定に組み込むのが望ましい。

（ T 2 ）職員の興味のある、あるいは園の保育に必要なテーマを考える。外部研修の情報収集をしたり、日程を調整する役割を主任や研修担当者が担う。研修会に参加する職員は、課題にそって自分の考えを発表したり、感想を書くなど主体的に参加する。

（ T 3 ）記録者は記録をしっかりとり、主任は内容を確認しながらファイリングする。参加できなかった職員は記録を読み情報を共有する。

❷ 経験・活動によるチーム（場面構成的役割チーム）

行事のときや事例研究・異年齢クラスなどのチーム活動。経験に基づき企画や準備を分担し継続して取り組んでいく。職員や特技や個性を発揮しやすいチームである。

【事例2】 誕生日会（準備）

（T1）誕生日会の係が、行事の目的、ねらいと内容など、誕生会の指導案を作成し、日時や場所など園全体に提案する。

（T2）係の提案を受け、企画のアイディアを出したり、案に対し意見をいうなど、内容を深める関わりを積極的に果たす。読み聞かせや製作など、得意な分野の仕事を引きうけ、準備していく。

【事例3】 誕生日会（当日）

図表4−1を参照して役割機能と具体的な動きを確認しましょう。

図表4−1　チーム保育の具体例（誕生日会）

活動内容	T1 方向性機能 誕生日会の係の職員全体の流れを見通し、活動を進めていく	T2 内容性機能 クラス担任 子どもと一緒に誕生会を楽しむ	T3 関係性機能 係・担任以外の職員 準備をしたり、活動に入りにくい子どもの援助を行う
1）準備	・子どもの座る場所・職員の役割・時間枠など情報共有する	・クラスで子どもたちにホールで誕生日会をすることを伝えておく	・ホールの設定・準備物の確認
2）各クラスの子どもたちがホールに移動する	・座る場所を示す ・時間を把握	・各クラスの子どもを誘導してホールへ	・ピアノを弾いて雰囲気をつくる
3）始まり	・司会をする 「誕生日会を始めます」 「9月の誕生日の人は前に出ましょう」	・「お誕生日の人は誰かな？」と聞く ・気がつかない子どもがいたら促す	・子どもをお誕生日席（前）に連れていく ・遅れてくる子どもをフォローする

4）誕生日の子ども の紹介	・「9月の誕生日の人はAちゃん、Bちゃんです」と言い誕生日のメダルを渡す ・一人ひとりを紹介する ・「好きな食べ物はなんですか」「得意な遊びは何かな」等聞いていく ・プレゼントを渡す	・「おめでとう」とクラスの子どもと拍手する ・「ケーキが好きなんだって」繰り返して全体の子どもたちに伝える（拡声する）	・「おめでとう」 ・プレゼントの準備 ・次の出しものの準備をしておく（先生達の出しもの） ・落ち着きない子どもがいたら傍にいる ・写真をとる
5）先生たちの出しもの	・「今日のお祝いに先生たちがハンドベルを演奏します」	・ハンドベルを演奏する	・ハンドベルを演奏する ・トイレに行く子どもに付き添う
6）歌	・「では全員で歌を歌いましょう」と言い〇〇を歌う	・子どもと一緒に歌う	・伴奏する
7）終わり	・「10時半になりました」「これで誕生日会を終わります」	・「ありがとうございました」と子どもと一緒にあいさつする	・クラスに帰るように誘導する

【事例4】 保護者面接（子どもの発達が心配、というケース）

（T1）園長か主任が、保護者面接の意向を確かめ、どのような目的の面談であるかを決め、日時や場所、参加者などを決定。保護者に連絡。

（T2）主任が、面談の目的を確認し、面談の書式を整えておく。メンバーの役割分担をし、（問題を把握する、事実確認する、保護者の気持ちに共感する、問題を明確にするなど）面談の環境を整える。このケースでは、発達に関する情報提供や最近の知見、利用できる資源などを調べておく。

（T3）保護者の気持ちに寄り添う一方で、子どもの日常の姿を具体例をあげて伝える。

❸ クラス担任による日常的活動のチーム編成

クラスの活動など、集団活動を展開するチーム。一人ひとりの子

どもが十分に生活や遊びができるよう安全・安心な環境をつくります。子どもをいろいろな視点から援助し理解することができるでしょう。

図表4－2、4－3★1を参考にチーム保育を考えてみます。

【事例5】 造形遊びの事例

（Ｔ１）その週のリーダーの保育者が、方向性を示す★2。

「もうすぐこどもの日だね。こどもの日はこいのぼりを飾るよ。庭にもあるよね」と子どもの興味を引くように導入する。こいのぼりの実物を見せ、具体的な材料なども示す。「こういうこいのぼりをつくります」「材料はこれだよ」といいながらＴ２Ｔ３と手順を確認する。

（Ｔ２）子どものそばで、子どもが製作に取り組む様子を見ながら、難しそうな子どもにはやり方を示したり、材料を整えたりする。のりの使い方や紙のちぎり方などのモデルを示す。

（Ｔ３）トイレに行きたい子に付き添う。「トイレに行こうね」「戻りました」など言葉にして伝えていくことが重要。

図表4－2

★1：チーム保育の事例のイラストはこども未来会議で作成。
★2：Ｔ１＝前に立つ人ではない場合もある。たとえばＴ１が「○○先生、絵本を読んでください」と頼む場合もある。

【事例6】　避難訓練の事例

（Ｔ１）今するべきことを、わかりやすく伝える。指示は短く的確に。子どもの数を確認する。

（Ｔ２）手をつないだり、行くべき方向を示したり、行ったり来たりしながら子どもの行動を促す。

（Ｔ３）怖がっている子どものそばについて「怖くないよ」「練習だからね」と励ましつつ、Ｔ２に子どもを引き渡す。一番後ろで、残った子どもがいないか、鍵やものの確認をする。

図表4－3

❹ その他の事例　「機能」への着目

　チーム保育の事例として、クラスの皆で活動する事例をみてきましたが、全体の活動のみではなく、子どもたちが個々で活動している時間や場面でも、集団活動の方向性、内容性、関係性は機能していますので、チーム保育への意識をもつことが重要です。

　子どもが自分の好きな遊びをみつけたり、試行錯誤して遊んでいくなど主体的に遊ぶ場面では、子どもの自己的な活動が促進されますので、「個」が目立ちます。しかし、園は複数の子どもの活動する場であり、集団で過ごしている場であることは自明のことです。一人ひとりが大事にされて保育が展開することと、集団での活動で

もあることを意識し、個と集団が相即的に発展していくことが、よりよい保育の展開といえます。

【事例7】 好きな遊びの時間

（Ｔ１）時間枠や場所などを意識する。子どもの動きと保育者の動きを関連づけながら、足りない動きや見守る状況などを判断し、お互いに確認し合う要となる。「○○をお願いします」など、ほかの保育者に依頼することもある。

（Ｔ２）子どもの目線で動きをともにしながら、遊びのモデルになったり、そばで見守ったりする。子どもの遊びを楽しみながら、ほかの子どもに遊びを紹介するなど、子どもの遊びの深まりや広がり、ほかの子どもとの関係を結べるように支えていく。

（Ｔ３）なかなか遊びがみつからない子どもに関わる。身支度や身辺の事柄がすすみにくい子どもに関わる。乱雑になった場所を整える。ものの用意をするなど環境への気配りを行う。

【事例8】 子どもの果たす集団での役割　月見の場面

（Ｔ１）活動のテーマに関連する話題を子どもに示す。絵本や壁面の飾りを媒介に子どもの興味・関心を引き出すような話をしていく。

（Ｔ２）Ｔ１の保育者の話をうけ、「知っているよ」「昨日大きなお月さんだったよ」など感想をいいあい、「そうだ、月をつくろう」「果物もね」など、イメージを共有して、ものの準備を始める。このときの内容性機能は子どもが果たしていることになる。Ｔ２の保育者は子どもの自発的な活動を見守り、机を出したり、ものを探したりするときには援助をする。

（Ｔ３）子どもの発言を受け、ものの確認をしたり、机を出すなど場所を作る手伝いをする。このときに「Ａちゃんトイレに行きたいんだって」などほかの子どもの様子に気づいている場合など、この子どもがクラスの集団において関係的な機能を果たしていると考えられる。

（2）チーム保育の効果

保育者は、協働するためにチーム保育を身につけることが大切なんだね

チーム保育はいろいろな面で役に立つのよ

　前項でチーム保育について基本的な考え方を学び、具体的な事例をみてきました。では、実際に保育に携わっている保育者はチーム保育の効果についてどのように考えているでしょうか？　チーム保育を積極的にすすめている園長先生たちに聞きました。

❶ 子どもの安心・安全を守れる

　子どもが安全で安心して生活や遊びをするために、複数の保育者が目を配り、気を配ることが大切です。子どもの一人ひとりのリズムや特性をとらえた保育をするために、チームで集団活動と個別の活動の両面からの援助をしていきます（図表4－4）。

【事例1】

　水遊びは、子どもたちには楽しさいっぱいの活動ではあるが、保育者にとっては安全に遊ぶために気が抜けない活動でもある。「水

図表4－4　チーム保育と子どもの安心・安全

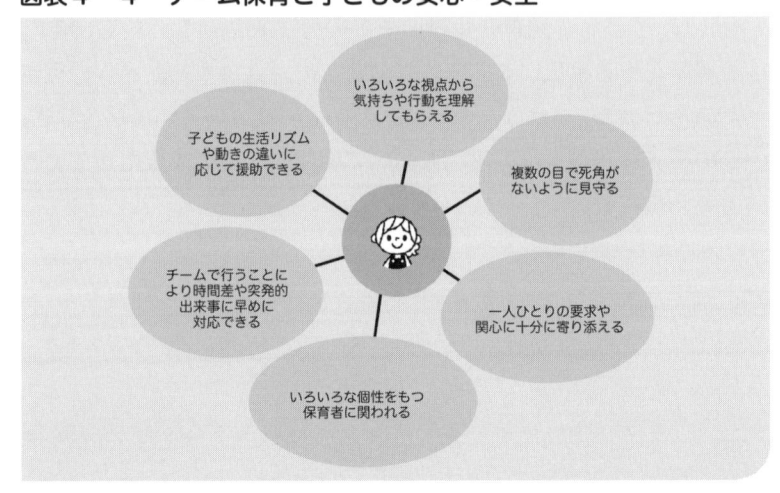

遊び→シャワー→拭く→着替え→水着の片付け→保育室で待つ」という一連の流れをすすめるために、チームワークをとる。（Ｔ１：方向性機能）時間配分や先にプールをでる子どもの名前を順番に呼ぶ。（Ｔ２：内容性機能）順番に視診しながらシャワーをかけ、拭く。（Ｔ３：関係性機能）ものの整理や着替えの援助、部屋への導入など、常に子どもの確認をしながら活動する。

❷ 保育者としてふるまいやすい

クラス活動では、子どもが十分に主体的に活動できるように複数の保育者がＴ１、Ｔ２、Ｔ３と役割を分担して保育にあたります。経験が少なくとも、自分の役割機能を果たし、その場面を構成するメンバーとコミュニケーションをとりながら、保育をすすめていきます。先輩の動きを参考にしたり、異なるいくつかの視点に気づくなど、保育者自身の力量が育ち、いろいろな関わりや子ども理解の視点を身につけることができます（図表４－５）。

【事例２】Ａ園では毎月お誕生会を行っている。職員の誕生会委員が各回を分担し、行事の指導案を作成し、プログラムを決めたり、プレゼントの用意をしている。４・５・６月は経験のある職員が担当したが、７月は初任のＢさんが担当する予定である。５月の会でＢさんはＴ３を担い、まだ慣れない子どもに寄り添いお

図表４－５　チーム保育と保育者のふるまい

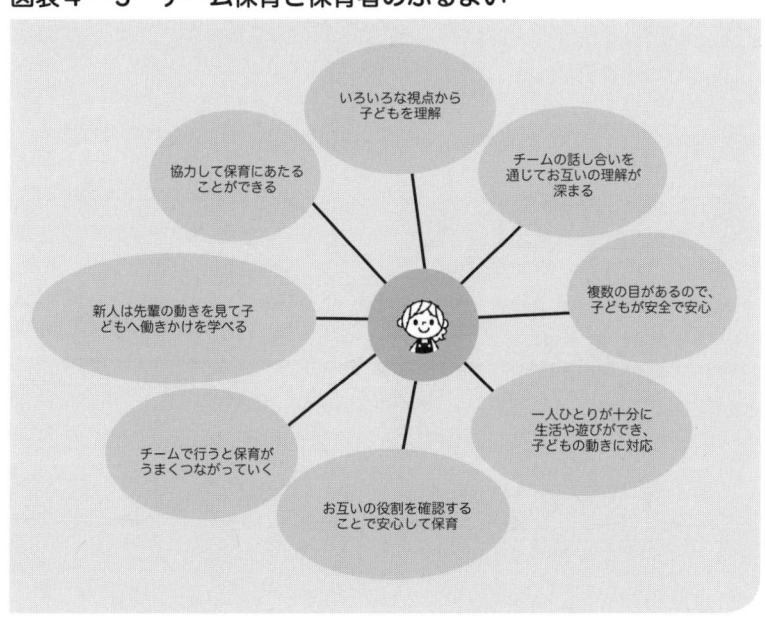

誕生会の雰囲気を楽しんだ。6月はＴ２として、大型紙芝居を読んで、子どもたちの反応を実感できた。先輩たちのそれぞれ果たしている役割行動がわかりやすかったので、指導案に書き入れ、当日方向性がきちっとだせるように準備をしている。

❸ 豊かな保育を展開できる

　保育者チームの機能は、一斉保育の場面で考えると理解しやすいため、一斉保育のときのイメージになりやすいのですが、【事例1】でもわかるように、実は子どもたちが自由に遊んでいる場面や活動の移行の時間、間の時間などにこそ、チーム力が発揮されます。これらの活動のときに、チーム保育の機能を意識すると安全で子どもの主体性が生かされる保育になります（図表4－6）。

【事例3】
　朝の自由遊びの時間に、Ｃくんが大型積み木を並べて「新幹線」と言っていた。Ｔ１がその言葉に気づき「新幹線が走るのね。みんなにもお知らせしようかな」と言い、Ｃくんと一緒に「新幹線こだまです。10時に出発です」と他児に知らせた。部屋に入りにくく、入り口で立っていたＤくんにＴ３が「新幹線だって。速そうだね」と伝え、入り口から「かっこいいね」と一緒に見るこ

図表4－6　チーム保育と豊かな保育

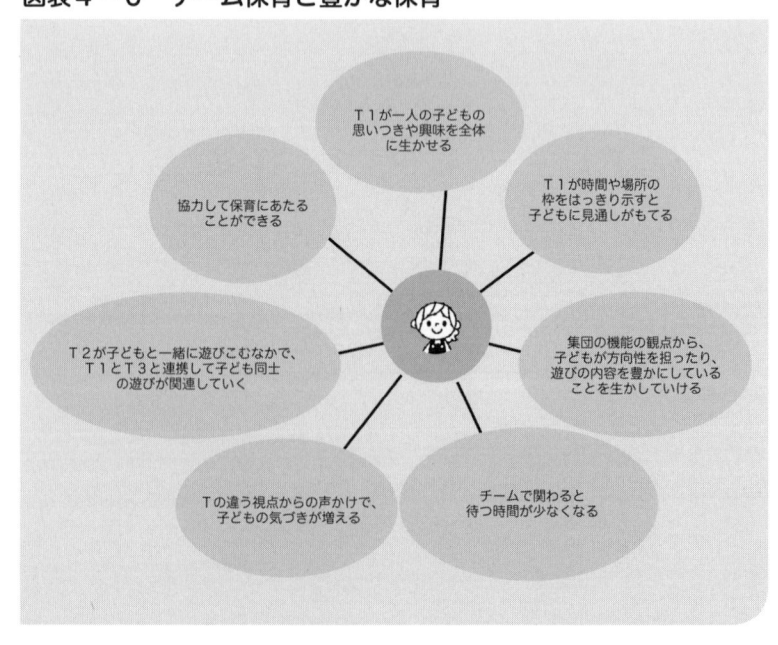

とになった。「出発！」とＣくんが言うと、そばでブロックをしていたＥくん、ＦくんとＴ２が「いってらっしゃい」と手を振った。

❹ 課題となること

うまくチーム保育を生かせない例もあることがわかりました。

経験の差があるので、つい経験者に頼ってしまう。能力の差も影響すると思う。

差があるからこそ、その差が生かされます。相手から学ぶ姿勢でチーム保育に取りくんでいきましょう。

Ｔ３にパートの職員さんが入ることが多いため、情報共有が不十分になりがち。

一日の始まりに朝会を行い、情報共有します。週案や日案を生かして、流れや配慮点をわかりやすく伝えます。簡単な記述でよいので、子どもの様子を伝えるノートなどを用意したらどうでしょうか？

子どもが主体となる場面が多いのでチーム保育になりにくい。

子どもにＴ２の役割を担ってもらいます。自由保育の場面だからこそ、集団活動の意識が大切です。

それぞれのとらえ方があるため、役割がなかなかとれない。

よい機会です。お互い自身のとらえ方を表明して理解をしましょう。「子ども」をキーワードにすれば、共通点がわかるはずです。言葉にしていくことが第一歩です。批判にならないことが重要です。

（1）子どもの「行動」をとらえる

ティーチャーズ・トレーニングで子どもとうまく付き合う方法を勉強するんだね

新人でも活用しやすい保育技法を、ティーチャーズ・トレーニングで学べるのよ

❶ はじめに

　子どもをどのように褒め、どのように叱っていますか？

　子どもに「なぜそんなことするの！（ダメな子ね！）」と頭ごなしに怒ってしまうと、その子の人格も存在も全否定してしまいます。だから「褒めて育てたい」と思っても、子どもがよくないことをしたら叱らないと、しつけができていない子、社会性のない子になってしまうのでは、と不安です。

　「怒る」と「叱る」は違う、といわれます。「怒る」のは、「それは私にとって NG である」というメッセージ、「叱る」のは、「それはあなたにとって NG である」というメッセージ。したがって「私」の NG 感情をぶつける「怒る」ではなく、子どもには「それをしてはいけない」ときちんと「叱る」ことが必要です。それならば、「叱る」ときであっても、感情的にならずに「それはあなたにとってよくないことだ」と伝えることは可能なはずです。

　感情的にどなってしまうと、子どもには「叱られた！」ということはわかっても、何がいけなかったのか、どうすればよかったのかは理解できないまま、とりあえず謝って終了になりがちです。何が

図表4−7　怒ると褒める

感情的に怒る

伝えて褒める

NGなのか理解できていないので、すぐに同じ失敗を繰り返します。

上手に「叱る」には、まず感情的にならずに普通のトーンで「よくない」「こうしてほしい」と伝えることです。伝えたことができたら褒めます。コツをつかめば、なぜこんなに無駄なエネルギーを使っていたのだろう、と思うはずです（図表4－7）。

❷「行動」をとらえる

そしてもう一つ大事なことは、子どもの「行動」に着目するということ。すなわち人格や性格に関わることにはふれず、子どものよくない「行動」を人格と切り離して考えることです。そうすることで「あなたのことはとても大切だし、あなたのことは大好きだよ。でも、この行動はよくなかったからこうしてほしい」というメッセージを送ることができます。

行動とは、「目に見えるもの」「聞こえるもの」「数えられるもの」「○○しない」ではなく、「○○する」と表記できるもの」と定義されます。たとえば、「優しい」という言葉は「行動」であるように思えますが、実は評価であり、実際の行動は「泣いた友だちを慰めてくれた」や「隣の子が落としたおもちゃをさっと拾ってくれた」だったりします。

同様に、「言うことを聞かない」も行動のように見えて「評価」です。実際の行動は「うまく絵がかけず、ぐしゃぐしゃにしてしまう」行動や「給食だよと言っても遊び続けている」行動だったりします。やっている場面もやっていることもまるで違うのですから、何をやっているのかがわかれば、それぞれの場面での対応を具体的に考えることができます。

ワーク1を参照し、具体的な実際の「行動」と、それによって下される「評価」を混同せず、「行動」だけを抽出する練習をしてみましょう。

ワーク1 「行動」に着目しよう

具体的な場面を思い浮かべ、いつ、どこで、誰と、何を、どうしているのかを、具体的に言いかえてみよう

（例）・ちゃんとしていた → 食事中、最後まで椅子に座っていられた

・おちつきがない → ＿＿＿＿＿＿

・言う事を聞かない → ＿＿＿＿＿＿

❸ 行動を３つに分けてみよう

　子どもの「行動」を「好ましい行動」「好ましくない行動」「危険・許しがたい行動」の３つに分けます。そして、好ましい行動は褒め、好ましくない行動は指示を出すか注目をはずしてやめるのを待ち、危険・許しがたい行動は制限を設けます（図表４－８）。

　「好ましい行動」とは、その子が今やっている行動、できている行動で、自分が「好ましい」と思えるものです。「朝、元気におはようと言う」「自分でトイレに行ける」「歌を大きな声で歌える」「給食を残さず食べる」など、その年齢なら当然のことでも、本当にささいなことでよいので、できるだけたくさんみつけましょう。

　「好ましくない行動」には、その子の気になっている行動を具体的に記入してみましょう。「着替えが遅くていつも最後になる」「給食の食べこぼしが多い」「先生が話している途中から大きな声で割り込む」など、具体的な場面を明確にしながら自分が「好ましくない」「やめてほしい」と思われる行動です。

　そして「危険・許しがたい行動」は、自分や他人を傷つける行動や、万引きやいじめなど、反社会的な行動です。

　対象とする子どもを１人思い浮かべ、その子が実際に行っている「行動」を３種類に分けてみましょう。ワーク２を参照して、それぞれ好ましい行動、好ましくない行動、危険・許しがたい行動に記入します。危険・許しがたい行動はなければ無理に記入しなくても構いません。

図表４－８　行動を３つに分ける

好ましい行動	好ましくない行動		危険・許しがたい行動
今やっていて、できている行動、今後も増やしてほしい行動	今やっていて、やめてほしい行動、減らしてほしい行動		人を傷つける行動許しがたい行動
肯定的に注目する（褒める）	何をすべきか分かっていない場合**明確に指示を出す**	わかっていてわざとやっている場合**注目をはずして待つ**	制限を設ける

ワーク 2　気になる子どもの「行動」を３つに分けてみよう

好ましい行動	好ましくない行動	危険・許しがたい行動

何が「好ましい行動」で何が「好ましくない行動」かは、自分の判断で構いません。この判断基準は各人で皆違いますので、複数担任の場合は当然、同じ行動であっても評価が異なります。その子どもに関わる全員で記入してみると、それぞれの先生の子ども観、保育観の基準がわかってきます。対応を統一させる必要がある場合は、それをもとに、どこに指導のポイントをもってくるか話し合ってみるとよいでしょう。

❹ 3つの「行動」にどう対応するか

　実際にワーク2で子どもの行動を3つに分けてみて、どのような感想をもったでしょうか。「記入してみると、意外と『できていること』が多かった」「意外と『危険・許しがたい』とまで判断する行動は少なかった」と思われる方もいるでしょう。「元気なのはある意味いいのだけれど、度が過ぎてうるさくなる場合は『好ましい』のか『好ましくない』のかどっちかな」と悩まれた方もいるかもしれません。時と場合によって、同じ行動でも評価が違います。

　今回、3つに分けたこの「行動」のうち、「好ましい」行動は、次の第4章第2節（2）で学ぶ「褒めるコツ」を使って、たくさん褒めて増やしていきます。詳細は第4章第2節（2）で説明します。

　本当なら、「危険・許しがたい行動」や、「好ましくない行動」を今すぐどうにかしたいと思われるでしょうが、少なくとも2週間程度は「好ましい行動」に注目して褒める、ということだけを考えてほしいと思います。

　なぜなら「好ましくない行動」にはこれまでさんざん注目してきて、かつ何も変化していないからです。「危険」な行動は止めなければなりませんが、ほかにはぐっと目をつぶり「好ましい行動」を褒めます。その子なりの努力を認め、今まで褒められなかったことにしっかり注目することで、2週間後には子どもとの関係が少し変わってきているはずです。ピリピリした緊張感が少しゆるみ、信頼関係ができてくるのです。「好ましくない行動」に注目して子どもの行動変容をねらうのは、それからです。最後のセッションのふりかえりで少し解説をすると、実は「危険・許しがたい行動」への対応については、実施まではしません。最後の頃になるとほとんど気にならなくなっていることが多いためです。

　「好ましくない行動」は、図表4−8ではさらに、「何をすべきか

わかっていない場合」と、「わかっていてわざとやっている場合」の２種類に分けています。「何をすべきかわかっていない場合」には、わかるように明確にやるべきことを伝える必要があります。第４章第２節（３）で、「指示のコツ」を学びます。

「わかっていてわざとやっている場合」への対応が一番難しいのですが、これについては第４章第２節（４）で「スルーのコツ」を学びます。

これらの技法を一度に学ぶこともできなくはありませんが、頭で理解することと実際に実践できることは別です。６回に分けて、２週間おきに実施すること、その間に宿題が出て、実際にやってみてどうだったかを次のセッションで確かめながら進めていくことで、子どもへの自分の対応を客観視できるようになります。また自分の対応が変わることで子どもが実際に変化していく姿を、保育の手ごたえとして実感してほしいと思います。

なお、このテキストでは「対応に困っている」子どもがいる保育者であることを前提として解説していますが、実際にはそれぞれの技術はあらゆる人間関係に応用が可能です。身近に対象となる子どもがいない場合には、（困ったな）と感じることがある家族や知人、上司や後輩などを念頭に置いてワークを実施してみてもかまいません。よりよい人間関係やコミュニケーションのあり方を、客観的に分析しながら考えてみる手助けとしてください。

学生として学んでいる皆さんは、保育者になった時に活用できる方法として、頭で理解したり、自分の人間関係に活用したりするところまで習得してください。現場に出てから困ったときに活用できる方法の一つとなるはずです。

(2) 子どもを褒める

褒めるというのは、プラスの注目をするってことなんだね

ここでは、いろんな褒め方のバリエーションを学べるのよ

❶「褒める」とは

　言葉で「いい子だね」と言うだけが「褒める」ことではありません。「褒める」というのは、「肯定的な注目をする」ということ。アイコンタクトでにっこりするだけでもいいのです。

　褒め方の種類にも、いろいろなバリエーションがあります（図表4－9）。子どもの性格や年齢によって、「すごいねー！」とぎゅっと抱きしめられることがうれしい子もいれば、大騒ぎされると引いてしまうけれど、少し離れたところからうなずいて OK サインを出してあげることで安心できる子もいるでしょう。子どもによってどんな褒め方が心に響くか、さまざまな方法を試してみましょう。

図表4－9　褒め方の種類

言葉で褒める	「おー！」「すごい！」「かっこいい！」「すてき！」「やったね！」「イエーイ」「〇〇がいいねえ」「それ先生好きだわ」
態度で褒める	ハイタッチ、ボディタッチ、くすぐる、だっこする、ハグ、ほほえむ、うなずく、Good Job!（親指を立てる）、一緒に何かする（楽しいこと）
見守る、はげます	アイコンタクト、OK！、「がんばって」「もうちょっとだ！あとこれだけだよ」「もう1回！」「じゃあ、次！」「楽しかったね」「終わったら〇〇あるからね」「今度は〇〇だよ」
興味を示す	「何やってるの？」「それなあに？」「ふーん、そうなんだ。それで？」「へえ〜」
ほかの人に知らせる	クラスの友だちに本人のすごかったことを伝える、保護者の方に伝える、本人に聞こえるようにほかの先生に話す、皆の前で表彰する
感謝する	「ありがとう」「助かったよ」「役に立つなぁ、さすがは〇歳さんだね」「また今度お願いね」

❷ 褒めるコツ

1．タイミング

　「褒めるコツ」のなかで一番重要なのは、褒めるタイミングです。課題が完全に達成されたときだけでは、絶対的に回数が足りないし、達成されなかったときには褒めるタイミングを失ってしまいます。そのため、課題を「始めようとしたとき」「実際に始めたとき」「やっている途中（飽きたときなど）」「声をかけたことにすぐに従っているとき」など、してほしくない行動をしていないときにはできるだけ早く「褒める」こと。パーフェクトを待ってはいけません。25％で褒めましょう。これを「25％ルール」といいます。

　下の図表4－10では、食べ始める前からどこかに行こうとする子どもに、座る前から「ちゃんと座れて偉いなー」と先走りして褒めています。実際に食べ始めたとき、途中で席を立とうとしたとき、そして終わったときなど、タイミングを逃さず声をかけ、またその都度褒めます。最終的に課題を達成することができなくても、途中までででもがんばったことや、やろうとした気持ちを認め、褒めましょう。

2．視線・体

　視線を合わせて、子どもに近づき（または子どもをそばによんで）、子どもと同じ目の高さで声をかけます。せっかく褒めたつもりでも遠くからや後ろからでは、自分にむけられたものかどうかわかりづらいことがあります。

図表4－10　「25％ルール」

3．表情・声

穏やかな表情で、落ち着いた温かみのある明るい声を心がけましょう。保育者のうれしい気持ちを素直に表現します。

4．言葉

発するメッセージはできるだけ短く、簡潔明瞭にしましょう。皮肉・批判は避けます。「すごい！」だけならいいのですが、つい「すごい！いつもこうならいいのにね〜！」と余計な一言を付けてしまうと、こちらは褒めているつもりでも子どもはまったく褒められた気がしません。余計な一言はぐっとこらえます。

5．行動を褒める

子どもを褒めるのではなく、子どもの行動を褒めます。特に、周りの評価を気にし始める4〜5歳の子どもには、ただ漠然とした「すごいねー」よりも、「この絵のお花の、この色が素敵だわ」とか、「今日のリレーのときの腕の振り方、すごくよかったよ」など、具体的に本人がやったことが実感できるような褒め方をしましょう。

たとえば子どもにとっての優しいおばあちゃんのように、子どもの存在そのものをまるごと受け止めて「あんたは本当にいい子だね」と言ってくださる方の存在は本当にありがたいのですが、何かしらの意図をもった担任の先生による「上手！」「いい子！」の連発は、言外に（私の言うことを聞かない子は「悪い子」だからね）という脅迫を感じさせてしまうかもしれません。子どもが実際にやっている行動を細やかに観察する目が必要です。

6．効果的に褒める

子どもの性格や感じ方、年齢に合わせた褒め方をしましょう。

以上をふまえ、実際にワーク3、ワーク4を行ってみましょう。

ワーク3　声に出して褒めてみよう！

①2人ペアになり、先生役と子役を決めます。

②先生役はワーク2で3つに分けた行動の「好ましい行動」のなかから適当な場面を選び、相手に対象の子の役になってもらい、声に出して（必要なら席を立って）実際の場面を想像しながら子役を褒めてみましょう。

③役割を交換し、自分も子役になって褒めてもらう経験をしましょう。

ワーク4 子どもの「好ましい行動」をみつけて褒めてみよう！
どんな行動をどのように褒めたか、そのときの子どもの反応はどうだっ
たか記録しましょう。

クラス_____（〇歳児）イニシャル_____

日　時	褒めた行動	どのように褒めたか	子どもの反応
例) 3歳児Aくん 5／14	自分で給食の食器を運んだ。	「ごちそうさまして自分で運んでるの？　えらいね、Aちゃん！」	ニコニコして食器を片づけ、いつもならフラフラと遊び始めるが、この日はすぐパジャマを着替えにいった。

❸ 特別扱い

　ほかの子は知らない、先生と2人だけの「秘密」やちょっとした「特別扱い」が可能なら、試してみましょう。どうしてもほかの子に渡せないお気に入りおもちゃを「〇〇ちゃんボックス」に入れてほかの子の手が届かないところに確保することで、落ち着いて次の行動に移れたりすることがあります。延長保育の時間に2人でゆっくり絵本を読むことを楽しみに夕方の帰り支度ができるようになると、生活に見通しとメリハリができ、担任との信頼関係も強まります。子どもの気持ちが落ち着いてくれば、徐々に「特別扱い」は必要なくなります。

　その際、ほかの子どもたちも落ち着いていて、一人ひとりの気持ちが尊重されて受け止められ、「なんであの子だけ」と言われないようなクラス集団ができていることが大切です。

（3）子どもに伝える

保育者が子どもに何か伝えるときにもコツがあるんだね

近づいて、普通のトーンでおだやかに、がコツよ

❶「指示」とは

　子どもがやるべきことがわかっていない場合は、きちんとその子どもに伝わるように指示を出すことが求められます。「指示」とは、コミュニケーションの道具であって、命令やお説教とは違います。「○○を始めます」「○○をやります」「△△はおしまいです」など、そのときに子どもがとるべき行動を伝えることが「指示」です。感情的に訴えたり、大声でどなったりする必要はありません。

❷ 効果的な「指示」の出し方

1．子どもの注意を引く

　全体への一斉指示で伝わらない子どもは、誰にむけての言葉なのか理解できていないことがあります。個別に指示を出す場合は「褒める」と同様、見えないところからや遠くから、後ろからではなく、まず子どもの名前を呼び、近づいて（呼び寄せて）から伝えます。何かに夢中になっているときは、何度か呼んだり、肩に触れたりして、保育者に注目させるとよいでしょう（図表4－11）。

2．視線を合わせる

　声をかけたら、保育者を見るのを待ち、子どもの視線の高さに姿勢を下げます。自閉スペクトラム症（ASD）など、視線を合わせることを嫌がる子には強制せず、適度な距離や姿勢をとりましょう。

図表4－11　指示の出し方

3．指示は短く、具体的に

　子どもにしてほしいことを、わかりやすい言葉で、短く、具体的に、肯定形で伝えます。「何をしなきゃいけないんだったっけ？」ではなく「手を洗います」。「もう、いつまで遊んでるの？」ではなく「お部屋に入るよ」。「危ない！　走らない！」ではなく「ストップ！　歩きます」とシンプルに伝えます。

　聴覚的な短期記憶が弱い子どもは、長い文章は部分的にしか拾えません。理由を長々と説明したり、過去の失敗を説教したりする必要はなく、やるべきことをシンプルに伝え、できれば褒めればよいのです。テーブルの上に乗る子には、「ここはご飯食べるところだから乗っちゃダメっていつも言ってるじゃない。バイキンがついちゃうでしょ。何度言ったらわかるの！」ではなく、「降りようね」とやるべきことを伝え、できたら褒めます。

4．穏やかに

　感情的にならないよう、心を穏やかにして低いトーンで伝えます。毅然とした態度で伝えなければならない場合も、感情的になる必要はありません。普通のトーンで、真剣に、きっぱりと伝えましょう。

5．25％ルールで褒める

　どんな小さなことでも、子どもが従おうとしたらすぐに褒めます。忙しい保育現場では、指示を出しても出しっぱなしで、できたら褒めるということが忘れられがちです。

　指示を出したら子どもの行動を見届けて、素敵だよという意味をこめてあたたかな Good Job サインを出しましょう。

> #### ワーク5　指示をだしてみよう！
> 163 ページのワーク2で3つに分けた行動の「好ましくない行動」から1つ選び、実際に声にだして具体的に指示をだしてみましょう。いつもの言い方はどうだったでしょう？　それをわかりやすい指示にして穏やかに言い換えてみると、どのようになるでしょう？

❸ さまざまな「指示」のバリエーション

1．「予告」

　次の見通しがもちにくく、活動の切り替えが難しい子どもには「予告」が有効な場合があります。「予告」とは、今していることをもうすぐやめて、ほかのことをすることをあらかじめ伝えることです。

【事例1】　予告のやり方

「○○ちゃん、あと10分で給食です。10分したらかたづけようね」

―5分後―

「○○、あと5分したらかたづけるよ」

―10分後―

「○○、時間が来ました。ブロックをかたづけましょう」

⇒（子どもはぶつぶつ言いながらもかたづけようとする）（文句は気にせず）「かたづけられたね、えらいよ、○○ちゃん。さあ、給食にしましょう」

　予告することで、子どもは自分の行動を切り替える準備ができます。「この絵本が終わったら外遊びだよ」「あと1回やったら終わろうね」などの予告は、今の行動を許可しつつ、一定の時間や回数が来たら、やるべきことを伝える機能があるので、突然の中断や宣告にビックリせずにすみます。

　時計や砂時計で目に見える支援をしたり、タイマーで「ピピピ♪」と音による支援をすることも効果的です。いずれも、子どもが従ったら、褒めることを忘れないでください。

2．「選択」

　2つ以上の可能性のあるやり方を提案し、そのうちの1つを選んでもらいます（図表4-12）。一方的な「命令」だと、子どもは必ず従わなければならない、強制された印象になるため、外遊びが嫌でなくても「イヤ！」と反発したりしますが、選択肢を与えられると自分が決める権利がありますので、主体的に活動にむかいやすくなります。

　自我が芽生えてくる1歳半頃から2〜3歳頃の第1次反抗期、自我が拡大してくる頃に、保育者の都合で一方的な指示ばかりだしていないか、確認してみましょう。

図表4-12　選択

3．「約束」「○○したら、○○ができます」

　行動や課題をすると「おたのしみ」があるという取り決めです。「おたのしみ」は、特別の機会や品物、子どもが好きで、保育者も喜んで与えられるもの、保育者にとっても子どもにとっても、交換条件として適正な品物や機会ということになります。ちょっとしたものならシールやスタンプ、イラストや折り紙などが、機会なら園庭遊び、お散歩、好きな本を読む、好きなおもちゃのあるコーナーで過ごす、先生との「特別な」時間などが保育のなかでは扱いやすい「おたのしみ」になるでしょう。

　ともすると私たちは、「○○しないと、△△できないよ！」という言い方をしてしまいがちなのですが、これは「脅迫」です。子育てに「脅し」を使いたくありません。ふだんから楽しい遊びがたっぷり保障されているからこそ、子どもたちはそれを「おたのしみ」にしてみずから自分たちの行動を変えていくことができるのです。

ワーク6　指示とその反応を記録してみよう！

子どもに伝わるように指示をだし、それに対する子どもの反応がどうだったか、したことや言ったことを記録してみましょう。

クラス＿＿＿＿（○歳児）イニシャル＿＿＿＿＿＿＿＿

日　時	あなたがだした指示	子どものしたこと/言ったこと
例） ○月○日	1）（穏やかに）「部屋に入る時間だよ」	1）「えー、まだー」（すべり台に行く）
	2）「すべり台もう1回すべったら入ろうね」	2）（無言）
	3）（終わったタイミングで）「さあ入るよ」	3）（無言のまま立ち上がって部屋にむかう）
	4）（すかさず褒める）「えらい、さすがぞう組さん。もう給食の時間だものね」	4）（まんざらでもない顔で、園庭から靴を脱いでテラスに上がり、手洗い場にむかう）
	5）「今日の給食何だろうね」	5）「唐揚げみたいな匂いがするよ！」（にこにこ）

（4）子どもを待つ

時には、子どもに注目しないで待つことも大切なんだね

「スルー」はむずかしいけれど、子どもの力を信じる気持ちが必要なのよ

❶ 信じて待つ——「スルー」とは

　子どもが、注目を引きたくてわざと行っている「好ましくない行動」を減らすための工夫です。これまでの項で述べたように、ほかの場面で「肯定的な注目＝プラスの注目」をたっぷり受けてくると、このようなわざと「否定的な注目＝マイナスの注目」を求める行動も減ってくることが多いのですが、それでもうまくいかない場合は「待つ」つまり「スルー」が効果的です（図表4－13、4－14）。

　「スルー」とは、これまでやっていた「ダメでしょ、やめなさい」などの否定的な注目をしないで、好ましい行動がでてくるのを待つ技術です。その場合、子どもの「存在」を無視するのではなく（ネグレクトになってしまいます）、子どもの「行動」を無視します。そして好ましくない行動をやめ、好ましい行動がでてきたらすかさず褒める（注目する）ことで、保育者がどんな行動を望んでいるかを知らせることができます。

　ただし、注目してもらいたくてやっている「好ましくない行動」を「スルー」すると、子どもは自分に注意をむけさせようと、一時的にその行動をエスカレートさせます。ここで挑発に乗ってしまうと、「好ましくない行動」をして保育者がこっちを見てくれないときは、「もっと好ましくない行動」をすれば見てくれるんだ、ということを学んでしまいます。ある行動を「スルー」すると決めたら、それは徹底することが大事です。

　そして「スルー」を徹底する

図表4－13　「待つ」

場合は、職員同士で対応を統一すること、共通認識をもって連携することが必須です。担任が「スルー」するつもりで、教室から抜け出そうとする子どもの行動に気づかないふりをしていても、通りかかった別の職員に注目をされてそこで追いかけっこが始まってしまったら、「スルー」は成立しません。どの行動を「スルー」して注目しないのか、どうしたら注目してあげるのか、職員全員で事前によく話し合っておくことが必要です。

❷「スルー」のコツ

1．タイミング

「好ましくない行動」が始まったらすぐに「スルー」を始めます。

2．視線・体

視線を合わせないようにし、わずかに体の向きを変えます。

3．メッセージ

普通に無関心な表情と態度をとります。眉間にしわを寄せる、ため息をつくなど、怒っているそぶりを見せないようにします。何も言わずに、何かほかのことをしているとよいと思います。

4．褒める準備をする

子どもが好ましくない行動をやめ、好ましい行動を始めるのを素知らぬ顔でじっと観察しながら待ちます。好ましくない行動が止まったら、すかさず注目をします（図表4－14）。

たとえば、教室から出ていった子が、いつもなら追いかけてくる先生がこない、おかしいな？と戻ってきた瞬間に注目し、その子が喜びそうな、楽しい遊びに誘います。靴箱にのぼっている間は素知らぬ顔をしますが、降りてこようとした瞬間に注目して、「自分で考えて降りたの。えらいなぁ、危ないもんなぁ」と褒めます。ぎゃあぎゃあ泣いている間は放置しますがそばにいて、泣きやんだなと思ったら言葉で気持ちが表現できるよう、声をかけていきます。

図表4－14　「スルー」

子どもは何をしたらいけないか、わかっていてわざとやっている、あるいはやむを得ずやっているのですから、「やっちゃいけない」といくら怒っても意味はないのです。「マイナス」の注目でもいいからほしい、（こっちを見てほしい、かまってほしい）という切なる「本当のねがい」に気づき、しっかりとプラスの注目を増やしてあげることが大切です。子どものもつ力を信じ、準備万端整えて待ってあげましょう。

実際にどの場面の行動を「スルー」するかシミュレーションしつつ、ワーク7をやってみましょう。

ワーク7 「スルー」して褒めてみよう！

事前に何を「スルー」するか、どうなったら再び注目するか、頭のなかでシミュレーションしてみましょう。実際にはどうだったか、「好ましくない行動」を「スルー」して記録しましょう。

私がスルーする行動は、＿＿＿＿＿＿＿＿＿＿＿＿＿＿＿＿＿＿＿＿

日　時	スルーした行動	どのようにスルーしたか	スルーの後で褒めた行動	どのように褒めたか
例）○／○（○）	朝の会で連絡ノートにシールを貼るのに、わざとノートを落として立ち歩く。	素知らぬ顔でほかの子に指示をだしたりシールを貼る場所を確認したりしながら近づく。	フラフラしていたが、ほかの子がもうほぼ貼り終えていることに気づき、自分の席にむかう。	すかさず注目し、「たろうくん、シールを貼る場所わかる?」と話しかけると、さっと落ちていたノートを拾って「知ってる、○日だし!」と答えたので「すごいなあ」と褒めながら一緒にシールを貼った。

❸ 同時進行の場合

これまでは子どもを待ち、「好ましくない行動」が終わったら注目するという時間差の「スルー」について解説してきましたが、同時進行の場合もあります。「着替えなさい」と言ったら怒ってあばれながら着替えている、図表4−15のような場面です。

この場合、「あばれている」

図表4−15　同時進行の場合

という好ましくない行動については「スルー」、「着替えている」という好ましい行動にだけ「注目」して対応しています。ここで「あばれる」にマイナスの注目をして「なんであばれているの、きちんと着替えなさい！」などと教育的指導をしてしまうと、せっかくの「着替え」に対して褒めるタイミングを逸してしまいます。

❹ 友だちの協力を引き出す

複数の子どもがそばにいる場合、その場面でやるべきことから「外れている子」にマイナスの注目をして叱るのでなく、「好ましい行動」をしている子どもにプラスの注目をして褒めることも、クラス集団を運営していくうえで大切です。

たとえば集会の場面で「あっ、ひまわりグループさんは、かっこよく座っているなあ、背中がピーンと伸びてるよ」と言うと、ほかの子たちの背筋もつられてピーンと伸びます。そうしたら「わあ、カブトムシグループさんもれんげグループさんも、素敵だわー」「じろうくんも座ってたね、かっこいい！」などと褒めてあげます。ここで、最後まで座らなかった「じろうくん」を叱る必要はありません。叱ってしまうと、その場のテンションがぐっと下がります。クラスの友だちのなかに、（またじろうくんだよ）という嫌な空気が流れることにもなります。

皆の前で誰かを褒めることはあっても、決して子ども同士を比べたり、誰か一人を非難したりしません。目的はできない子をさらし者にすることではなく、子どもたちのよい協力関係を引き出すことだからです（図表4－16）。

「○○ちゃん、もう着替えたの？　早いね〜」で終わればよいですが、「○○ちゃん、素敵！　△ちゃんとは違うねえ」「△ちゃん、見てごらん！　○○ちゃんはもう着替えてるよ」「○○ちゃんはできているのに、どうして△ちゃんはできないの？」などと心が折れる対応は決してせず、誰もがありのまま受け止められ、その子らしさを失わずに安心していられるクラスをつくってください。

図表4－16　友だちの協力を引き出す

（5）視覚的支援を活用する

目で見てわかるようにすることが大切なんだね

自分ががんばったことが目にみえる形で残るとうれしいものよ

❶ 視覚的支援とは

　保育のなかでは、まだ字が読めない子どものために、自分のロッカーやタオルかけに動物シールを貼ったりします。トイレのスリッパを脱ぐ場所を明示するために床に足跡マークをつけたり、おもちゃ箱に何を入れるかわかるように、箱の前面に中身がわかるような写真を貼ったりしますね。部屋の時計に印をつけて、長い針がチューリップの場所にきたらプールの時間、と伝えたりします。

　これら、誰でも見ればわかるように配慮した環境整理を、視覚的支援といいます。とくに自閉症スペクトラム症（ASD）の傾向をもつ子どもへの TEACCH プログラム[★1] による構造化[★2] がよく知られています。

　学校生活では「時間割」があり、次が何をする時間か、予定が比較的わかりやすく設計されていますが、保育や家庭生活では予定の変更や突発的な事態にもゆるやかに対応できる日課であるため、逆に ASD の子どもや言葉が理解しにくい子どもにとっては次に何が起こるかわからない、見通しがもちにくく不安が大きい生活になってしまいます。

　今日は何をして遊ぶのか、次に何をやるのか、スケジュールが視覚的に示されることで、ほかの子どもたちにとっても安心して活動が確認できる視覚的支援となります。

　ただし、ティーチャーズ・トレーニングで紹介するのは単に大人の都合を示してその通りに動いてもらうための「スケジュール」ではなく、たくさん褒められながら生活ができるための、子どもの努力を視覚的に見える形にするための「表」です。

★1：「TEACCH」とは「Treatment and Education of Autistic and related Communication-handicapped CHildren」（自閉症および、それに準ずるコミュニケーション課題をもつ子どものためのケアと教育）の略。米ノースカロライナ州で行われているプログラムだが世界的に広く紹介され、利用されている。
★2：物理的な環境を整理するアイディアと、視覚的なコミュニケーションを整理する方法がある。

❷「がんばり表」の活用

「がんばり表」とは、日課が示されるスケジュール表やポイントカードの形で、子どものやったことを「目に見える」形にして壁などに貼る記録票のことです（図表4－17）。朝の支度時間や給食前後、帰る前の時間など、やるべきことが多く忙しい時間帯に役立ちます。ポイントカードであれば、ちょっと苦手なことでもポイントが目に見えてたまることで、それを楽しみにがんばれます。

図表4－17　がんばり表

子どもにとっては、ガミガミ言われずに楽しく好ましい行動を思い出すことができる表であり、大人にとっては、子どもが好ましい行動をしたときに褒めることを思い出させてくれるための表となります。子どもが自分でわかって納得して行動し、褒められるための表であることに留意しましょう。

保育現場では、クラス全体が見てわかるような時間割や手順表としての機能をもたせて使う場合もありますし、特定の子どものための個別支援としての利用も可能です。個別支援として使うときの留意点を、以下に説明します。

❸ 表作成のコツ
　（日常生活における個別支援として使う場合）

1．時間帯を選ぶ

一日のなかで特に問題が多く、スムーズにすすまない時間帯にやるべき行動をリストアップします。登園後のカバンの片づけ、給食の支度や帰り時間などの時間が選ばれることと思います。

2．行動をリストアップする

やるべき行動を、時間の流れにそって4～6つ選ぶのですが、以下の配分になるようにします。

```
┌ ◎すでによくできる（週4～5回）行動　　　　3つ
│ ○時々する（週に2～3回）行動　　　　　　　2つ
└ △まれにしかしない（週に1回程度）行動　　　1つ
```

3．行動を並べる

選んだ行動を「◎よくできる」行動と、「○時々」、「△まれ」が

交互になるように、時間軸にそって組み合わせます。必ずできる行動が間にあることで、褒められると、その後のやや難しい行動にも協力的に取り組みやすくなります。

４．手助けを考える

行動に手助けが必要であればその内容と、誰が助けるかも記入します（声かけの有無、声をかける回数、先生と一緒に、など）。

５．チェックしてみる

子どもを観察し、１～２週間の「試験的な記録票」をつけてみるとより確実です。子どもにとって適当と判断できたら、正式の記録票をつくります。ワーク８を参照して実際にやってみましょう。

チェックポイント

①具体的な「行動」を選べているか？

②「よくできる行動」「時々する行動」「まれにしかしない行動」の数と配置は適当か？

③週全体として 70 ～ 80％ほどに、○が付くような表に仕上がっているか？

④それぞれの行動の時間配分は十分か？

⑤保育者が行動ごとに子どもを褒められる場所にいるか？

ワーク８ 「がんばり表」

やるべき「行動」を書き込み、できたら○をつけましょう。

選んだ時間帯 （　　　　　　　　　） クラス （　　歳児）

イニシャル

行動	月	火	水	木	金

---

❹ 「がんばり表」の使い方

ワーク８で紹介した表は、月～金の結果を書き込めるタイプですが、その場面でやるべきことがわかり、行動できたら、はがしたり裏返したりできるよう、行動をマグネットカードにして小型のホワ

イトボードに貼ってあるタイプ、「好ましい行動」をしたらチケットがもらえるタイプ、子どもが自分でたくさんの行動を精査してポイントがたくさんもらえるよう工夫したものなど、子どもたちの個性や現場での工夫があふれる、さまざまなタイプがあります。

　また、最初はシールやごほうび目当てだったとしても、だんだんにごほうびが何もなくても課題がクリアされていくようになります。必要なくなれば「がんばり表」の任務を終了させ、使わなくてもいいですし、これまで「保育者が声をかけてできる」行動を「自分で気づいてやる」行動に変更するなど行動の難易度を上げ、「ステージ２」に入ってもいいでしょう。

　子どもの努力の成果を目に見える形にして、子どもたちと楽しみながら実施してください。

１．子どもに紹介する

　「事前調査」からターゲットにする行動を精査して正式な表が完成したら、子どもに、「表」を紹介して実施します。行動は、子どもが見てわかるようにイラストや写真を使うとよいでしょう。字が書ける子であれば、自分で書いてもやる気が出ます。時間を明記したい場合は、時計の図やデジタルの数字も入れておきます。完成したら目につきやすい壁などに貼ります。

２．できたら褒める

　子どもがその行動をしたときは、すかさず褒め（これが大事！）、子どもが好きなシールを貼ったり、スタンプを押したり、花丸をつけてあげたりします。

３．振り返る

　毎日、一日の終わりに、子どもと一緒にシールなどの数を数え、子どもがその日にやれた行動を褒めます。その結果を、家族やほかの大人にも知らせてあげるとよいですね。二重にも三重にも褒めてもらえます。ポイント制にしている場合は、たまったポイント数に合わせて、ごほうびや特典をあらかじめ用意しておくとよいでしょう。

４．できたことに注目する

　うまくできなかったことは重視せず、子どもがやれた行動にだけ注目します。できなかった項目でも、×はつけず空欄にしておきます。どうしても空欄が許せない子どもであれば、それとわかるような別のシールを代わりに貼ることにしてもよいでしょう。

（6）行動を分析する

困ったなと思ったら、子どもの行動と自分の対応を分析してみるといいんだね

子どもの行動の前後に何が起こっているのか、よく観察し、考えてみましょう

❶「行動」と「人格」

　ここまでの項で、「行動」と人格を切り離し、「行動」に着目すること、「行動」を3つに分け、「好ましい行動」はたくさん褒めて（肯定的な注目を与えて）増やしていくこと。「好ましくない行動」のうち、何をすべきかわかっていない場合には、「視覚的な支援」を使いながら、具体的に明確な「指示」をだすこと。「好ましくない行動」のうち、わかっていてわざとマイナス行動を繰り返している場合には、職員が対応を統一させて「スルー」を使うこと、などを学んできました。

　子どもの行動と自分の対応を客観的に記述することで、少し冷静に俯瞰的（ふかんてき）な見方ができるようになっていると思いますし、記述があることで他者の目から検討してもらうこともできるようになっていることと思います。職員間での会議のもち方、記録の仕方、連携の取り方なども、検討していくとよいでしょう。

　褒め方、指示の出し方、視覚的支援の検討などに取り組んで、それでもどうしてもうまくいかない「問題」がある場合、いくつかの可能性を検討したい場合には、もう少していねいに行動分析をしてみましょう。

❷ 行動分析とは

　ABC の枠組みを使って、その行動の前後に何が起こっているかを見てみます（図表4－18）。

　子どもの「行動（Behavior）」の前に、「先行条件（Antecedents）」として何があるのか。そしてその「結果（Consequences）」として、何が起こっているのか。可能なら複数の目でいろいろな条件を分析

図表４−18　行動の ABC（ABC 行動分析）

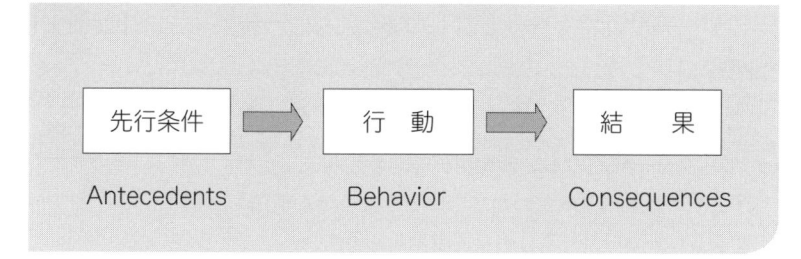

先行条件	⇒	行　動	⇒	結　果
Antecedents		Behavior		Consequences

してみましょう。これを ABC 行動分析といいます。

　そして、どうすればその「行動」が繰り返されないか、A'として先行条件を変えてみたり、C'として結果（こちらの反応）を変えてみたりしましょう。

【事例１】「昼寝時パジャマへの着替えがすすまず、いつも最後になる」

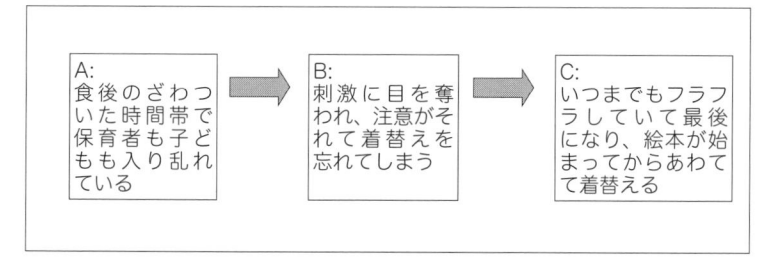

A: 食後のざわついた時間帯で保育者も子どもも入り乱れている	⇒	B: 刺激に目を奪われ、注意がそれて着替えを忘れてしまう	⇒	C: いつまでもフラフラしていて最後になり、絵本が始まってからあわてて着替える

・A 先行条件を変えることで、「問題行動」を防ぐ

A'：・動線を考え、落ち着いて着替えができる場所をつくる

　　・保育者が１人、着替えコーナーにつく

　　・食事片づけ→トイレ→歯磨き→着替えなど、この時間にやるべきことを視覚化して表に示す

　　・苦手な子がいるところに近寄らない

・C 結果を変えることで、次に起こりそうな「問題行動」を防ぐ

C'：・早めに声をかけて着替えをすませ、次の活動に備える

　　・「早かったね！」「遊んで皆を待ってようね」

　　・「今日の絵本は何かな？」と楽しい見通しをもたせる

　先行条件、結果のそれぞれにおいて、複数の目で検討して、子どもの行動の意味をより深く考えてみましょう。職員集団による子ども理解が深まります。

対応を考えるときは、自由にいくつかのアイディアを出してみて検討し、実現可能なものを試してみましょう（92ページ【事例1】参照）。

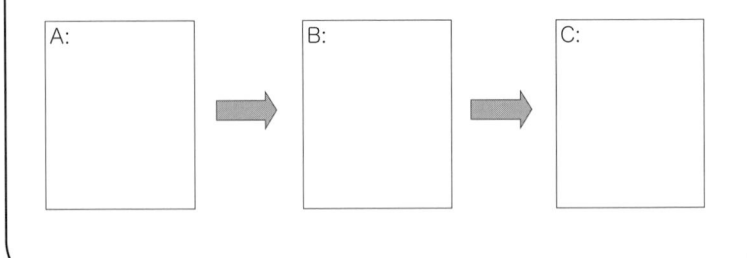

ワーク9　ABCフレームを使ってみよう！
子どもの行動の意味がわからないとき、その前後に何が起こっているのか、フレームに分けて分析してみましょう。

❸ 家庭との連携

　園での取り組みによって子どもの姿が変わってきたことに自信がもてたら、その取り組みを家庭とも共有しましょう。

　家庭との情報共有の手段は、毎日の送迎時で顔を合わせたやりとりができるといいですが、それ以外に連絡帳、電話、個別面談、家庭訪問などが考えられます。医療機関や専門相談機関にかかっている場合には、専門家との連携も可能かもしれません。園でやっている取り組みを伝え、専門家の助言をもらうとよいでしょう。

　家庭でも、対応の仕方に困っているようであれば、園でうまくいった方法を伝えてみるといいかもしれません。逆に、家庭で大きな問題がないときは、どんな工夫をされているのか、これまでしてこられたのか、聞いてみるといいでしょう。園での取り組みに生かすことができるかもしれません。

　保護者との信頼関係がまだできていない段階で、「家でもこうすべき」「ああしてほしい」と一方的に要求をだすことは控えますが、園での取り組みを知っていくことで、徐々に良好なコミュニケーションがとれるようになるでしょう。子どもがどうすれば落ち着いて過ごせるか、安心して生活が送れるか、友だちと毎日楽しく過ごせるか、保護者と同じ方向をむいて、一緒に歩みをすすめていけるとよいですね。

時には保護者への全面的な支援が必要なケースもあります。困難なケースであればあるほど、1園で抱え込まず、園外での保健や医療、福祉など行政との連携が欠かせません。必要なときには地域全体ですぐに連携がとれるよう、日頃から顔の見える関係をつくっておくことが大事です。

❹ 最後に

まずは子どもと担任との信頼関係をつくり、よりよい「コミュニケーション」をめざして対応の原則を学んできました。それぞれの子どもにすべての技法が通じるわけではありません。その子に合った方法を上手に使えばよいのです。うまくいかないときは、別の方法を試しましょう。くりかえしになりますが、大人の意のままに子どもを動かすために技法を使うのではありません。記録したり、分析したりすることを通じて、自分と子どものコミュニケーションをみつめなおし、子どもの本当の願いに気づくところから信頼関係をつくりなおしてみましょう。

保育者も子どもも笑顔で毎日が楽しくすごせるとよいですね。

（1）保育施設から小学校に橋を渡す

橋を渡すって、どこに渡すの？

小学校やその先にある子どもの未来にむかって橋を渡すのよ

❶ 幼保小連携の背景

　子どもたちの連続性のある発育発達の観点から、幼少期から青年までの教育内容の一貫性は、その必要性について、倉橋惣三[★1]も提唱しているように長く検討されています。なかでも、乳幼児期から児童期への連携については、教育課程審議会による検討、「学習指導要領」「幼稚園教育要領」「保育所保育指針」などの改定などをとおして議論がなされ、アプローチあるいはスタートアッププログラムによる幼保小連携が図られています。

　1996年の中教審答申では、主体的な問題解決能力、豊かな人間性、たくましい体を表す「生きる力」の育成が提唱されました。つまり、小学校以降の学習の基盤として、「健康な心身、社会生活における望ましい習慣や態度、自発性、意欲、豊かな感情、物事に対する興味・関心、表現力等」、「生きる力」（知識や技能よりも主体性や人格と直結しやすい能力）の教育の充実を幼児教育に含めることとされました。

　これまでの「保育所保育指針」「幼稚園教育要領」「幼保連携型認定こども園教育・保育要領」でも、幼保小連携についてはふれられていますが、2008年の「保育所保育指針」では第3・4章において、また、「幼稚園教育要領」では、第3章第2・3節において、さらに、2015年の「幼保連携型認定こども園教育・保育要領」では、第3章第2・3節において、小学校教育との円滑な接続について提示しています。また、2017年の「保育所保育指針」「幼稚園教育要領」「幼保連携型認定こども園教育・保育要領」では、さらにその連携を強く打ち出しています。なお、2017年の改定では、施設、幼稚園教育、幼保連携型認定こども園教育及び保育において育みたい資質・能力

★1：倉橋惣三（1882-1955）、日本の幼児教育の先駆者。

及び「幼児期の終わりまでに育ってほしい姿」として小学校就学時の具体的な姿を明確に打ち出しました。このことから、「保育所保育指針」「幼稚園教育要領」「幼保連携型認定こども園教育・保育要領」いずれも、乳幼児期の教育および保育が小学校以上の生活や学習の基盤を育成するものであることが確認されました。

❷ 幼保小連携の現状

　「保育所保育指針」「幼稚園教育要領」「幼保連携型認定こども園教育・保育要領」の提示をもとにしたアプローチプログラムを構成する際には、小1プロブレム、気になる子どもや特別の配慮が必要な子どもの就学保障などの解決だけではなく、すべての子どもの健やかな育ちの保障を基本とします。

　また、保護者や子どもは、勉強や友だちとの関係などを心配なこととしてあげており、これに対し、保育者・教員は、保育者・教員間や、乳幼児・児童間、保護者間の交流を推進し、周囲を理解することにつなげています。具体的には、保育者・教員間では、一過性ではなく、定例的な会議や研修を設定し、相互の情報共有や、知識・技術の向上をめざすために交流の機会が設けられています。また、乳幼児・児童間では合同行事や日常的な合同活動への相互参加の機会を設定し、活動の共有につなげています。さらに、保護者間においても、合同保護者会、研修の開催、合同行事、合同でのPTA活動などの機会を設け相互に関われるよう設定しています。なお保育の現場からは、アプローチカリキュラムの基本的知識に関する勉強会の実施、各園における取り組み方の調査などを行うことで情報共有し、実際に小学校との交流を進めるなど積極的に取り組んでいるということも聞こえてきています。

　これらのことを含めて、各施設、園におけるカリキュラムに基づく計画的な発育発達を考慮した保育および教育活動により、子どもの育ちの保障を基本とし、そのうえで、乳幼児と児童の交流、保育者および小学校教員間の情報交換や合同の研究会実施、保育および教育記録の共有など実際の連携を図っています。

（2）今後の方向性

これからの保育、どうなっていくの？

新しい展開について勉強しましょう

❶ 幼児期の終わりまでに育ってほしい姿

　2008年の指針、要領の改定から10年の検討期間を経て、保育、教育内容の見直しが検討され、2017年の指針、要領の改定に至りました。その結果、現代的な諸課題を踏まえ、安全についての理解、食への関心や態度、非認知能力の育み、思考力の芽生えなどの必要性があげられました。さらに、幼児教育を行う施設、保育所、幼稚園教育、幼保連携型認定こども園の教育及び保育において育みたい資質、能力および「幼児期の終わりまでに育ってほしい姿」として以下にあげる事項が提示されました。

育みたい資質・能力

　（ア）「知識及び技能の基礎」

　（イ）「思考力、判断力、表現力等の基礎」

　（ウ）「学びに向かう力、人間性等」

幼児期の終わりまでに育ってほしい姿

　ア　健康な心と体

　イ　自立心

　ウ　協同性

　エ　道徳性・規範意識の芽生え

　オ　社会生活との関わり

　カ　思考力の芽生え

　キ　自然との関わり・生命尊重

　ク　数量や図形、標識や文字などへの関心・感覚

　ケ　言葉による伝え合い

　コ　豊かな感性と表現

これらの「資質、能力」や「育ってほしい姿」は、それぞれを個

別に伸ばすものではなく、環境をとおした乳幼児の自発的な遊びにより育む必要があることに留意しなければなりません。特に、「保育所保育指針」「幼保連携型認定こども園教育・保育要領」においては、乳児、1歳以上3歳未満児、3歳以上児と発達段階を3区分し、保育の内容を設定しています。つまり、これらの姿を育むためには、5領域にわたり、3歳以上児だけでなく、乳児期から意識していくことも視野に入れる必要があります。さらに、乳幼児の自発的な遊びをとおした環境による保育、教育を展開していくなかで、カリキュラムマネジメントの重要性も問われます。

これらのことから、幼保小接続カリキュラムの方向性として、発達と学びの連続性を重視し、学校教育を意識した乳幼児教育を展開していくこと、また乳幼児期と児童期をつなぐ共同的な学びの概念を導入していくことが検討課題です。

❷ アプローチカリキュラム

これからの乳幼児教育におけるアプローチカリキュラムの構築にあたっては、「幼児教育を行う施設、幼稚園教育、幼保連携型認定こども園の教育及び保育において育みたい資質、能力」および「幼児期の終わりまでに育ってほしい姿」を育むことを保育内容にのっとって検討していくことが課題であることは先にも述べました。その課題に取り組むため、保育現場ではアプローチカリキュラムを乳児期から意識する必要があるものとして捉え、乳児期から小学校以降の社会性の基礎を育むことを保育カリキュラムの中に含めた保育の展開を心がけています。また、2017年3月告示の「保育所保育指針」では、小学校との連携として

「ア 保育所においては、保育所保育が、小学校以降の生活や学習の基盤の育成につながることに配慮し、幼児期にふさわしい生活を通じて、創造的な思考や主体的な生活態度などの基礎を培うようにすること。

イ 保育所保育において育まれた資質・能力を踏まえ、小学校教育が円滑に行われるよう、小学校教師との意見交換や合同の研究の機会などを設け、第1章の4の（2）に示す「幼児期の終わりまでに育ってほしい姿」を共有するなど連携を図り、保育所保育と小学校教育との円滑な接続を図るよう努めること。

ウ 子どもに関する情報共有に関して、保育所に入所している子どもの就学に際し、市町村の支援の下に、子どもの育ちを支えるための資料が保育所から小学校へ送付されるようにすること」

と、提示しています。

このことから、小学校就学時の理想の姿に到達することをめざすために、就学するまでのすべての発達年齢において、発達状態にふさわしい多様な活動を主体的に経験すること、保育の過程を記録として小学校へと伝達すること、また、保育者と小学校教諭とで子どもの育ちを共有することを加味した保育計画の検討が必要であることが再確認されます。つまり、子どもの育ちの保障、生活および発達の連続、子ども間（乳幼児と小学生）、保護者間および保育者と小学校教員間の交流などを含んだアプローチカリキュラムを構築し、保育計画の中に組み込んでいくカリキュラムマネジメントを意識していくことが幼保小の壁を取り除き、「子どもの最善の利益」を保障することにつながると考えられます。

参考文献

第1章　総合的保育力

石川昭義・小原敏郎編著『保育者のためのキャリア形成論』建帛社　2015年

今井和子編著『主任保育士・副園長・リーダーに求められる役割と実践的スキル』ミネルヴァ書房　2016年

イラム・シラージ 、エレーヌ・ハレット　秋田喜代美監訳・解説　鈴木正敏・淀川裕美・佐川早季子訳
　『育み支え合う保育リーダーシップ──協働的な学びを生み出すために』明石書店　2017年

大野裕『はじめての認知療法』講談社　2011年

神蔵幸子・宮川萬寿美編著『生活事例からはじめる保育内容／総論』青踏社　2015年

河邉貴子編著『教育課程・保育課程論』東京書籍　2008年

関係学会・関係学ハンドブック編集委員会編『関係学ハンドブック』関係学研究所　1994年

上林靖子監　河内美穂・楠田恵美・福田英子編著『保育士・教師のためのティーチャーズ・トレーニング』中央法規出版　2016年

北道子・河内美穂・藤井和子編　上林靖子監『こうすればうまくいく　発達障害のペアレント・トレーニング実践マニュアル』
　中央法規出版　2009年

厚生労働省「保育所保育指針解説書」2008年

小林育子・民秋言編著『園長の責務と専門性の研究』萌文書林　2012年

小室豊允『福祉経営の改善とリスクマネジメント』筒井書房　2001年

ジョン・デューイ　市村尚久訳『経験と教育』講談社　2004年

土屋明美『アクション・カウンセリング』日本心理劇協会・関係学研究所　2001年

ドナルド・ショーン　佐藤学・秋田喜代美訳『専門家の知恵──反省的実践家は行為しながら考える』ゆみる出版　2001年

松村和子・近藤幹生・椛島花代『教育課程・保育課程を学ぶ』ななみ書房　2012年

武藤安子・吉川晴美・松永あけみ編著『家庭支援の保育学』建帛社　2010年

森上史朗・柏女霊峰編『保育用語辞典』ミネルヴァ書房　2000・2015年

文部科学省『幼稚園教育指導資料第5集・指導と評価に生かす記録』チャイルド本社　2013年

第2章　個別的保育力

赤木和重・岡村由紀子編著『「気になる子」と言わない保育』ひとなる書房　2013年

赤木和重・岡村由紀子・金子明子・馬飼野陽美『どの子にもあ〜楽しかった！　毎日を』ひとなる書房　2017年

江頭恵子『赤ちゃんの発達のふしぎ1　誕生〜6か月まで　赤ちゃんがやってきた』大月書店　2014年

大豆生田啓友・太田光洋・森上史朗編『よくわかる子育て支援・家族援助論』ミネルヴァ書房　2008年

小田豊・山崎晃・七木田敦ほか編『幼児学用語集』北大路書房　2013年

神蔵幸子・宮川萬寿美編著『生活事例からはじめる　保育内容総論』青踏社　2015年

河原紀子『0歳〜6歳子どもの発達と保育の本』学研教育出版　2011年

厚生労働省「保育所における食育に関する指針」　2004年

近藤直子・白石正久・中村尚子編『保育者のためのテキスト　障害児保育』全国障害者問題研究会　2013年

白石正久『発達の扉　上　子どもの発達の道すじ』かもがわ出版　1994年

全国保育団体連絡会編「女の子と男の子」『ちいさななかま別冊／保育者と父母を結ぶ雑誌』通号311号　1994年

髙内正子・梶美保編著『乳児保育演習ガイド』建帛社　2012年

瀧薫『保育とおもちゃ──発達の道すじにそったおもちゃの選び方』エイデル研究所　2011年

田中哲・藤原里美監『発達障害のある子を理解して育てる本』学研プラス　2015年

田中昌人・田中杉恵『子どもの発達と診断1　乳児期前半』大月書店　1981年

田中昌人・田中杉恵『子どもの発達と診断2　乳児期後半』大月書店　1982年

田中昌人・田中杉恵『子どもの発達と診断3　幼児期I』大月書店　1984年

田中昌人・田中杉恵『子どもの発達と診断4　幼児期II』大月書店　1986年

田中昌人・田中杉恵『子どもの発達と診断5　幼児期III』大月書店　1988年

西川由紀子・射場美恵子『「かみつき」をなくすために──保育をどう見直すか』かもがわ出版　2004年

乳児保育研究会編『新版資料でわかる乳児の保育新時代』ひとなる書房　2005年

藤森平司『保育における「行事」』世界文化社　2016年

萌文書林編集部編『子どもに伝えたい年中行事・記念日』萌文書林　1998・2015年

牧野カツコほか編『家庭総合　自立・共生・創造』東京書籍　2016年

文部科学省・厚生労働省・内閣府『平成29年告示　幼稚園教育要領・保育所保育指針・幼保連携型認定こども園教育・
　保育要領　原本』チャイルド本社　2017年

横山哲夫ほか編『家庭基礎21』実教出版　2012年

吉川晴美・畠中徳子・西脇二葉ほか『新訂　人間関係　かかわりあい・育ちあい』不昧堂出版　2010年

吉田眞理『生活事例からはじめる　相談援助』青踏社　2011 年
吉田眞理『生活事例からはじめる　保育相談支援』青踏社　2011 年

第 3 章　運営管理

C.I. バーナード　山本安次郎・田杉競・飯野春樹訳『新訳　経営者の役割』ダイヤモンド社　1968 年
伊藤達夫『これだけ！　SWOT 分析──一歩先を行くリーダーの行動を加速するフレームワーク』すばる舎リンケージ　2013 年
金井壽宏・鈴木竜太編著『日本のキャリア研究　組織人のキャリア・ダイナミクス』白桃書房　2013 年
厚生労働省「保育所における自己評価ガイドライン」2009 年
厚生労働省「保育士等キャリアアップ研修ガイドライン概要」2017 年
厚生労働省「保育所保育指針」2017 年
厚生労働省・日本保育協会「平成 28 年度　初任保育所長等研修会テキスト」
坂田仰編著『生徒指導とスクール・コンプライアンス──法律・判例を理解し実践に活かす』学事出版　2015 年
佐久間信夫・坪井順一編著『第二版　現代の経営管理論』学文社　2013 年
庄司順一監『子どもと親をはぐくむために──保育現場ですぐに活用できる児童虐待防止ハンドブック』
　　神奈川県保健福祉部子ども家庭課・神奈川県　2007 年
スティーブン P. ロビンス、デービッド A. ディチェンゾ、メアリー・コールター　髙木晴夫監訳
　　『マネジメント入門グローバル経営のための理論と実践』ダイヤモンド社　2014 年
春原由紀・土屋葉『保育者は幼児虐待にどうかかわるか　実態調査にみる苦悩と対応』大月書店　2004 年
田中靖浩『米軍式人を動かすマネジメント──「先の見えない戦い」を勝ち抜く D-OODA 経営』日本経済新聞出版社　2016 年
東京都政策企画局「2060 年までの東京の推計」2016 年
中村和彦『入門　組織開発 ──活き活きと働ける職場をつくる』光文社　2015 年
野中郁次郎『知的機動力の本質──アメリカ海兵隊の組織論的研究』中央公論新社　2017 年
野本茂夫監『どの子にもうれしい保育の探求』横浜市幼稚園協会　2003 年
ハーミニア・イバーラ、マーク・ハンター他　DIAMONDハーバード・ビジネス・レビュー編集部編訳
　　『Harvard Business Review　マネジャーの教科書──マネジャー論文ベスト 11』ダイヤモンド社　2017 年
ヘンリー・ミンツバーグ　DIAMOND ハーバード・ビジネス・レビュー編集部編訳『H. ミンツバーグ経営論』
　　ダイヤモンド社　2007 年
マイケル ・D・ワトキンス　有賀裕子訳「メンバーを変えずにチームで変革を進める法」『Harvard Business Review』12 月号
　　2016 年　p.66
峰岸真澄「修羅場は与えられるものでなく、みずからつくるもの」『Harvard Business Review』4 月号　2017 年
横浜市こども青少年局こども家庭課「横浜市子ども虐待防止ハンドブック」2015 年
吉田眞理『生活事例からはじめる　児童家庭福祉』青踏社　2010・2016 年
吉田眞理『児童の福祉を支える　児童家庭福祉』萌文書林　2010 年

第 4 章　現場で役立つ保育力

関係学会・関係学ハンドブック編集委員会編『関係学ハンドブック』関係学研究所　1994 年
上林靖子監　河内美穂・楠田恵美・福田英子編著『保育士・教師のためのティーチャーズ・トレーニング』中央法規出版　2016 年
北道子・河内美穂・藤井和子編　上林靖子監『こうすればうまくいく　発達障害のペアレント・トレーニング実践マニュアル』
　　中央法規出版　2009 年
倉橋惣三「幼稚園から小学校へ」『幼児教育』通号 23 号　1923 年　pp.133-139
厚生労働省「保育所保育指針」2017 年
内閣府「幼保連携型認定こども園教育・保育要領」2017 年
長瀬美子・田中伸・峯恭子編著『幼小連携カリキュラムのデザインと評価』風間書房　2015 年
福元真由美「幼小接続カリキュラムの動向と課題」『教育学研究』通号 81 号　2014 年　pp.396-407
文部科学省「幼稚園教育要領」2017 年
吉川晴美・畠中徳子・西脇二葉ほか『新訂　人間関係　かかわりあい・育ちあい』不昧堂出版　2010 年

こども未来会議メンバー一覧 （所属は 2017.4.1 現在）

● 三幸グループ園長

園長名	園名	研究課題
青山　恵子	ぽけっとランド入谷	各種マニュアルの改訂 / 食育
浅尾　礼子	ぽけっとランド国領	子どもの発達に応じた玩具
飯尾　比呂恵	ぽけっとランド亀有	職員の人材育成 / アプローチカリキュラム
伊藤　亜季	東京こども保育園	子どもの発達に応じた玩具
上原　千晶	ぽけっとランド綾瀬	気になる子 / ティーチャーズトレーニング
海老原　三恵子	ぽけっとランドあびこ保育園	各種マニュアルの改訂 / 食育
大久保　佳子	ぽけっとランドさぎのみや	各種マニュアルの改訂 / 食育
大塚　美貴	ぽけっとランド江戸川台駅前保育園	チーム保育の効果と多様性について
神山　幸枝	ぽけっとランド雷門	子どもの発達に応じた玩具
木下　麻美	ぽけっとランド千歳船橋	各種マニュアルの改訂 / 食育
佐藤　由実	ぽけっとランド王子	職員の人材育成 / アプローチカリキュラム
佐野　亜希子	ぽけっとランド千住曙町	気になる子 / ティーチャーズトレーニング
柴　萌美	ぽけっとランドパークタワー豊洲	各種マニュアルの改訂 / 食育
柴田　香	ぽけっとランド西蒲田保育園	帳票の見直し
新楽　竜夫	千葉こども保育園	帳票の見直し
杉野　寿恵子	ぽけっとランド船堀	帳票の見直し
高橋　佑介	ぽけっとランド信濃町	チーム保育の効果と多様性について
角田　邦人	ぽけっとランド北赤羽	チーム保育の効果と多様性について
露木　峰子	ぽけっとランド市ヶ谷保育園	職員の人材育成 / アプローチカリキュラム
仲村　由紀江	ぽけっとランド本郷	チーム保育の効果と多様性について
南部　美奈	ぽけっとランド西新井	気になる子 / ティーチャーズトレーニング
野尻　真理	ぽけっとランド南千住瑞光保育園	子どもの発達に応じた玩具
橋口　美明	ぽけっとランド南千住	気になる子 / ティーチャーズトレーニング
早川　佳代子	ぽけっとランド浅草橋保育園	子どもの発達に応じた玩具
藤澤　知佳	ぽけっとランド浅草タワー	チーム保育の効果と多様性について
堀田　保子	ぽけっとランド深大寺保育園	チーム保育の効果と多様性について
丸山　功二	ぽけっとランド南沢	各種マニュアルの改訂 / 食育
宮島　洋	こころの保育園　文京西片	職員の人材育成 / アプローチカリキュラム
宮本　園望	ぽけっとランド明石町保育園	帳票の見直し
梁田　田鶴恵	ぽけっとランド中野坂上	帳票の見直し
山田　薫	ぽけっとランド赤羽保育園	帳票の見直し
山田　佳子	仙台こども保育園	子どもの発達に応じた玩具
渡邉　えり子	ぽけっとランド立川保育園	気になる子 / ティーチャーズトレーニング
渡邊　晶子	ぽけっとランド仙川	帳票の見直し
藁科　幸江	ぽけっとランドひばりヶ丘	職員の人材育成 / アプローチカリキュラム

● 小田原短期大学教員

教員名	所属	研究課題
稲葉　佳代子	食物栄養学科	食育
宇佐美　かおる	保育学科	アプローチカリキュラム
小倉　直子	保育学科	気になる子 / ティーチャーズトレーニング
菊地　篤子	保育学科	子どもの発達に応じた玩具
栗本　公恵	食物栄養学科	食育
野津　直樹	保育学科	マニュアル、危機管理
宮川　萬寿美	保育学科	チーム保育、保育の帳票
吉田　眞理	保育学科	（全体の研究計画担当）

● 事務局

氏名	所属	担当
大川　正裕	チャイルドケア支援グループ	研究会運営・連絡調整
太田　早紀	チャイルドケア支援グループ	研究会運営・連絡調整

監修者、執筆者紹介

●監修者

吉田眞理
三幸学園小田原短期大学学長
［執筆担当］第1章第1節 (1) ／第2章第6節 (1) (2) ／第3章第1節 (2) (3)

●執筆者 (五十音順)

稲葉佳代子
元　三幸学園小田原短期大学食物栄養学科教授
［執筆担当］第2章第4節 (1)

上野文枝
三幸学園小田原短期大学保育学科准教授
［執筆担当］第3章第2節 (2)

宇佐美かおる
こども教育宝仙大学幼児教育学科教授
［執筆担当］第4章第3節

内山絵美子
三幸学園小田原短期大学保育学科専任講師
［執筆担当］第3章第1節 (2)

大川正裕
三幸学園チャイルドケア支援グループ　統括部門長
［執筆担当］第3章第1節 (4)

小倉直子
三幸学園小田原短期大学保育学科専任講師
［執筆担当］第1章第1節 (3) ／第2章第2節・第5節／第4章第2節

菊地篤子
三幸学園小田原短期大学保育学科教授
［執筆担当］第2章第1節 (1) (2)

栗本公恵
三幸学園小田原短期大学食物栄養学科学科長・教授
［執筆担当］第2章第4節 (2)

露木峰子
三幸学園ぽけっとランド市ヶ谷保育園園長
［執筆担当］第2章第1節 (3)

中山貴太
三幸学園小田原短期大学保育学科専任講師
［執筆担当］第3章第1節 (1) (7)

野津直樹
三幸学園小田原短期大学保育学科准教授
［執筆担当］第1章第3節 (1) ／第3章第1節 (5) (6)

宮川萬寿美
三幸学園小田原短期大学保育学科特任教授
［執筆担当］第1章第1節 (2)・第2節 (1) (2)・第3節 (2) (3) ／第2章第3節 (1) (2)・第6節 (3) ／第3章第1節 (8)
／第4章第1節 (1) (2)

編集協力：株式会社桂樹社グループ
表紙イラスト：秋永悠
本文イラスト：いまうらさくら
レイアウト：有限会社トゥエンティフォー
装丁：株式会社キガミッツ

保育する力

2018 年 3 月 15 日　初版第 1 刷発行　　　　　　　　〈検印省略〉
2020 年 11 月 20 日　初版第 4 刷発行

定価はカバーに
表示しています

編　　　者　　学校法人三幸学園
　　　　　　　こ ど も 未 来 会 議
監　　修　　吉　田　眞　理
発 行 者　　杉　田　啓　三
印 刷 者　　藤　森　英　夫

発行所　　株式会社　ミネルヴァ書房
607-8494　京都市山科区日ノ岡堤谷町 1
電話代表（075）581－5191
振替口座 01020－0－8076

亜細亜印刷

ISBN978-4-623-08251-3
Printed in Japan

よくわかる！
保育士エクササイズ

全7巻／B5判／美装カバー

①保育の指導計画と実践 演習ブック

門谷真希／山中早苗 編著　北村麻樹／辻柿光子／南 真由美／門谷有希 著　本体2200円

②子どもの保健 演習ブック

松本峰雄 監修　小林 玄／桜井ますみ／長谷川美貴子／堀田正央 著　本体2200円

③子どもの食と栄養 演習ブック

松本峰雄 監修　大江敏江／小林久美／土田幸恵／林 薫／廣瀬志保 著　本体2500円

④保育の心理学 演習ブック

松本峰雄 監修　大野雄子／小池庸生／小林 玄／前川洋子 著　本体2200円

⑤乳児保育 演習ブック［第2版］

松本峰雄 監修　池田りな／才郷眞弓／土屋 由／堀 科 著　本体2500円

⑥保育の計画と評価 演習ブック

松本峰雄 監修　浅川繭子／新井祥文／小山朝子／才郷眞弓／松田清美 著　本体2200円

⑦子どもの保健と安全 演習ブック

松本峰雄 監修　小林 玄／桜井ますみ／長谷川美貴子／堀田正央 著　本体2500円

★ 別巻DVD ★

乳幼児を理解するための保育の観察と記録

学校法人西大和学園　白鳳短期大学 監修　本体25000円

ミネルヴァ書房

https://www.minervashobo.co.jp/

育室に置きたい 100 の玩具

●玩具はモノとしての保育環境の一つであり、子どもの遊びの中で欠かせないものです。保育実践者は「保育室にはどのような玩具が置かれているとよいか」「月齢に合わせてどのような玩具を用意してあるとよいか」「時期によってどのように入れ替えながら保育環境を整えるとよいか」等子どもの姿を確認しながら、玩具環境を整えます。それらをもとに、「保育室に在る」玩具を2つの表に整理しました。

●各クラスには幅広い月齢の子どもたちが過ごしていて、全ての子どもが1年を通して成長していきます。保育者は、1年間の保育で子どもの成長に沿って常に玩具を入れ替えながら、流動的に保育を営んでいます。「保育室に置きたい100の玩具」では、大まかな月齢ごとに玩具を提示し、保育実践の当事者が自分のクラスの子どもたちの月齢に合わせて玩具を確認したり選択できます。

2・3か月〜	6か月〜	9か月〜	12か月〜	1歳3か月〜	1歳6か月〜	1歳9か月〜	2歳〜	2歳6か月〜	3歳〜	3歳半〜	4歳〜	5歳〜	6歳〜
1 ガラガラ →	4 歯固め / 5「オーボール」/ 6 プレイジム	9 ボール（布製・低反発素材）/ 10 スイッチ玩具 / 11 ルーピング	15 ラッパ / 16 ひっぱる玩具（木製）/ 17 ポットン落とし / 18 手押し車（木製他）	21 カップ積み / 22「やりたい放題」/ 23 砂場セット	27 マラカス / 28 たたく玩具（太鼓・木琴）/ 29 車（木製）/ 30 小麦粉粘土	38 新聞紙（ちぎる等）	43 服の機能玩具（スナップ・マジックテープ）	50 服の機能玩具（ボタン・ファスナー）/ 51 ひも通し / 52 食の機能玩具（スプーン）	58 シャボン玉（吹く）/ 59「ノシリス」・/ 60 コマ（紐無し・紐有り）/ 61 食の機能玩具（箸）	62 百玉玩具 / 63 ドミノ（立てる）/ 64 楽器 / 65 折り紙（ちぎる・折る・破る）	74 糸電話（聞く・話す）/ 75 お絵かき（描く）/ 76 的あて / 77 靴紐通し / 82 だるまおとし / 83 あやとり / 87 はさみ（きざむ）	88 指あみ / 89 大工セット（道具扱う）/ 91 機織り / 92 はさみ（連続切り）/ 96 けん玉	
	7 カシャカシャ布（ナイロン製）	12 キラキラボトル（手作り）/ 13 ハンカチ（オーガンジー）		24 ぬいぐるみ（布製）・人形	31 ままごと玩具（野菜・果物等）/ 32 ペットボトル（色水）/ 33 バック	39 キッチン道具 / 40 ままごと玩具（エプロン・ハンカチ・三角巾・布団・おんぶ紐）	44 電車玩具（「プラレール」等・木製電車）/ 45 車玩具（「トミカ」等）	53 着せ替え人形		66 折り紙（形を完成させる）/ 67 変装グッズ / 68 ままごと道具（役割・物語）	78 糸電話（ごっこ遊び）/ 79 お絵かき（イメージして描く）		
2 オルゴールメリー / 3 モビール	8 起き上がりこぼし	14 絵本（仕掛け絵本など）		25 クーゲルバーン / 26 新聞紙	34 シャボン玉（見る）		46 絵本（持つ・眺める等）			69 月刊誌 / 70 図鑑（眺める）			
					35 型はめパズル（木製）/ 36 マグネット玩具	41 パズル		54 油粘土		71「カプラ」/ 72 輪ゴムかけ	84 ドミノ（並べる）	90 お絵かき（構図を考える）/ 93 大工セット（作る）	
		19 積み木（布製）			37 積み木（木製・コルク製）					73 大型積み木（想像遊び含む）			
		20 ブロック（シリコン製など軟らかい素材）				42 大型ブロック	47「レゴ・デュプロ」/ 48 井型ブロック	55「レゴ」			85「レゴ」（極小）		99 組み立てスロープ積み木（「キュボロ」等）
						49 絵合わせカード		56 塗り絵 / 57 クレヨン			80 かるた / 81 図鑑（調べる）/ 86 文字積み木	94 すごろく / 95 トランプ / 97 ボードゲーム / 98 パズル（地図・国旗）	100 時計

それぞれの玩具を使って遊んだ時の元来の「遊びの主な機能」1つに着目して分類してある。遊びの深まりや展開の中で現れる他の機能については、表には書かれていないが、実践の中でその多様さが発揮されるといえる。

玩具は、遊び始め・使い始めの目安の時期に記載されている。その玩具は、その後も継続して随時出現する。使わなくなるとは限らない。（すべての玩具の後ろに ⇒ がついているイメージ）

「保育室に置きたい100の玩具」と「玩具別説明一覧表」の玩具番号は同一なので、両方を照合して見る。

玩具別説明一覧表

●一覧表の番号と照合
●誰と遊ぶか、一人遊びかなど予想される相手（略号1参照）
●予想される保育者の姿（略号2参照）
●予想される遊びの姿

● 「玩具別説明一覧表」では、遊び相手、してどのように関わるのか、子どもはど想定されるか、という観点で玩具ごとに理されています。より多様な遊び方や関容していくことが期待されます。

玩具	遊び相手	保育者の関わり方	子どもの反応
1 ガラガラ / 5「オーボール」	保 自	見 聴 持	無意識に操作する・見る
2 オルゴールメリー / 3 モビール	自	見 聴 見守	見たり聴いたりして落ち着く
4 歯固め	保 自	持	無意識に操作する
6 プレイジム	自	見 聴 見守	見る・触ってみる
7 カシャカシャ布（ナイロン製）	保 自	聴 持 やって見	見る・自分でやる
8 起き上がりこぼし	保 自	やって見	見る・自分でやる
9 ボール	保 自	やって見	真似する・自分でやる・子ども同士で遊ぶ
10 スイッチ玩具	保 自	やって見 見守	真似する・自分でやる
11 ルーピング	保 自	やって見 見守	見る・触ってみる・自分でやる
12 キラキラボトル（手作り）/ 15 ラッパ / 16 ひっぱる玩具	保 自	見 聴 持 見守	真似する・自分でやる
13 ハンカチ（オーガンジー）/ 17 ポットン落とし / 18 手押し車（木製他）/ 22「やりたい放題」	保 自	やって見 一緒 見守	真似する・自分でやる
14 絵本（仕掛け絵本など）	保 自	見 読	見る・聞く・落ち着く
19 37 積み木（19 布製・37 木製・コルク製）/ 20 ブロック（シリコン製等）/ 21 カップ積み / 27 マラカス / 28 たたく玩具（太鼓・木琴）	保 自	やって見 一緒	真似する・自分でやる
23 砂場セット / 25 クーゲルバーン	保 自	やって見 一緒 見守	始めはやってもらう・真似する・自分でやる
24 ぬいぐるみ（布製）・人形 / 29 車（木製）	自	一緒 見守	集中する・自分でやる
26 38 新聞紙（26 受容&感覚遊びとして・38 ちぎる・丸める等）	保 自	やって見 一緒 見守	26 見る・聞く、38 真似しようとする・破られたものを集める・投げる

玩具	遊び相手	保育者の関わり方	子どもの反応
30 小麦粉粘土	保 自	やって見 一緒	真似する・自分でやる・やってもらう
31 ままごと玩具（野菜・果物等）	保 自	一緒	真似する・自分でやる・やりとりをする
32 ペットボトル（色水）	保 自 他	やって見 見守	真似する・ごっこ遊びをする
33 バック / 39 キッチン道具 / 40 ままごと玩具（エプロン・三角巾・おんぶ紐）	保 自 他2	一緒 仲 見守	真似する・同じことをやりたがる・ごっこ遊びをする
34 58 シャボン玉（34 見る・58 吹く）/ 62 百玉玩具	保 自	やって見 見守	見る・真似する・自分でやる
35 型はめパズル	保 自	やって見 一緒 見守	真似する・自分でやる
36 マグネット玩具	保 自	やって見 見守	始めはやってもらう・真似する・集中する
41 パズル	保 自 他	一緒 見守	始めはやってもらう・集中する
42 大型ブロック（①型作り・②想像遊び含む）/ 73 大型積み木（想像遊び含む）	保 自 並 他2 共	一緒 仲 見守	真似する・集中する・同じことをやりたがる・ごっこ遊びをする・他児と一緒に完成させようとする・協力して作る
43 服の機能玩具（スナップ・マジックテープ）	保 自	やって見 共	集中する・ごっこ遊びをする・慣れると遊び機会が減る
44 電車玩具（「プラレール」等・木製）/ 45 車玩具（「トミカ」等）	保 自 他2 並	一緒 仲 見守	持って楽しむ・真似して組み立てる・他児のものを欲しがる・それぞれで楽しむ
46 絵本（持つ・眺める）	保 自	読 見守	本を持ち歩く・ページ捲りを楽しむ・読み聞かせの真似をする
47「レゴ・デュプロ」/ 48 井型ブロック	保 並	見守 助言 環境	保育者や他児の真似をする・それぞれで楽しむ・取り合いあり
49 絵合わせカード	保 自	一緒 見守	真似する・自分で遊ぶ・集中する
50 服の機能玩具（ボタン・ファスナー）	自	やって見 共	集中する・ごっこ遊び・慣れると遊び機会減る
51 ひも通し	自	やって見 共	集中する・自分でやる

玩具	遊び相手	保育者の関わり方	子どもの反応
52 食の機能玩具（スプーン）	自	やって見 共	集中する・慣れると遊ぶ機会減る
53 着せ替え人形	保 自 他2	一緒 見守	真似する・集中する・ごっこ遊びをする
54 油粘土	自 並	やって見 見守	集中する・他児がしているとやろうとする
55「レゴ」	自 並	見守 助言	集中する・他児がしているとやろうとする・取り合いあり
56 塗り絵 / 57 クレヨン	自 並	見守	集中する
59「ノシリス」	保 自 並	やって見 見守	集中する・他児がしているとやろうとする
60 コマ（紐無し・紐有り）	保 自	やって見 見守	真似する・集中する
61 食の機能玩具（箸）	自	やって見 共	集中する・慣れると遊ぶ機会減る
63 84 ドミノ（63 立てる・84 並べる）	保 自 他	やって見 一緒 見守	63 84 真似する・集中する、84 一緒に順番にやる
64 楽器	保 自 他	やって見 一緒 見守	真似する・他児がしているとやろうとする
65 折り紙（ちぎる・破る・折る）	保 自 並	やって見 見守	真似する・集中する
66 折り紙（完成）	自 他2	見守	集中する・他児がしているとやろうとする
67 変装グッズ	自 並	見守	自分の世界で遊ぶ・ごっこ遊び
68 ままごと道具（役割・物語）	保 共	一緒 見守	役割や物語を決める子がいる・ごっこ遊び
69 月刊誌	自 並	見守	集中する・他児が読んでいると真似して読もうとする
70 81 図鑑（70 眺める・81 調べる）	自 他2	見守	集中する・他児が読んでいると一緒に読もうとする
71「カプラ」	保 自 共	見守	集中する・一緒に同じものを作り完成させようとする
72 輪ゴムかけ	自 並	見守	集中する
74 78 糸電話（74 聞く・話す・78 ごっこ遊び）	保 自 他	一緒 見守 助言	74 1対1で楽しむ・工夫する、78 ごっこ遊びの道具にする
75 79 90 お絵かき（75 描く・79 イメージして描く・90 構図を考える）	自 並	見守 助言	75 画材や技法を教えてもらう・工夫する・集中する、79 90 イメージして描く・集中する

玩具	遊び相手	保育者の関わり方	子どもの反応
76 的あて	保 自 他2	やって見 見守 助言	真似する・…
77 靴紐通し	自	やって見 見守 助言	集中する・…
80 かるた / 95 トランプ	自 共 小グ	一緒 見守	教えてもらう・勝ち負けを…を意識する…
82 だるまおとし	保 自	やって見 見守 助言	集中する・…
83 あやとり	自 他	やって見 見守 助言	集中する・…やる
85「レゴ」（極小）	自 並 共	一緒 見守	集中する・…たり完成さ…
86 文字積み木	自 共	一緒 見守	集中する・…ながら完成…
87 92 はさみ（87 きざむ・92 連続切り）	自 並	やって見 見守	真似する・…遊びから連…
88 指あみ / 91 機織り	自	やって見 見守	真似する・…せようとす…
89 93 大工セット（89 道具扱う・93 作る）	自 他2	見守	集中する・…で完成させ…こ遊びの道…
94 すごろく	自 共 小グ	一緒 見守	勝ち負けを…意識する…
96 けん玉	自 共 小グ	やって見 一緒 見守	真似する・…
97 ボードゲーム	自 共 小グ	一緒 見守	ルールを意識…意識する…
98 パズル（地図・国旗）	自 並	見守	集中する・…
99 組み立てスロープ積み木（「キュボロ」等）	自 共 小グ	一緒 見守	集中する・…を工夫する…表現する…
100 時計	自 並	一緒 見守	読み方を知る…

略号1（遊び相手）

- 保＝保育者
- 自＝子ども自身（自分）
- 他＝他児
- 他2＝他児2人位
- 並＝並行遊び
- 共＝共同遊び
- 小グ＝小グループ

略号2（保育者の関わり方）

- 見＝見せる
- 聴＝聴かせる
- 持＝子どもに持たせる
- やって見＝やって見せる
- 読＝読む
- 見守＝見守る
- 仲＝子…パイプ…
- 一緒＝一緒…
- 助言＝ヒ…
- 環境＝遊…（並行…）
- 共＝共感…